Jacques Adda

La mondialisation de l'économie

Tome 2 : Problèmes

Éditions La Découverte
9 *bis*, rue Abel-Hovelacque
75013 Paris
1996

Catalogage Électre-Bibliographie

ADDA Jacques
La mondialisation de l'économie - 2, Problèmes/Jacques Adda. – Paris : La Découverte, 1996. – (Repères ; 199)
ISBN 2-7071-2594-6

Rameau :	relations économiques internationales
Dewey :	337.1 : Économie internationale. Généralités
Public concerné :	Tout public

Si vous désirez être tenu régulièrement informé de nos parutions, il vous suffit d'envoyer vos nom et adresse aux Éditions La Découverte, 9 *bis*, rue Abel-Hovelacque, 75013 Paris. Vous recevrez gratuitement notre bulletin trimestriel **A la Découverte**.

Introduction

L'analyse des racines historiques et de la dynamique propre du processus de mondialisation a mis en évidence l'importance de l'articulation entre les sphères économique et politique dans sa genèse. Né de la marginalisation du pouvoir étatique dans l'Europe médiévale, le capitalisme s'est d'emblée épanoui sur une base internationale. L'activisme des marchands, qui est à l'origine du grand désenclavement planétaire des XVe et XVIe siècles, ne pouvait laisser indifférents les États-nations, alors en plein développement. C'est la rencontre de ces deux forces, à l'époque mercantiliste, qui rend possible l'ouverture des économies nationales à la dynamique des rapports marchands et l'unification des marchés intérieurs, terreau de l'industrialisation.

La fin du XIXe siècle voit l'apogée d'une économie non encore mondialisée mais déjà fortement internationalisée, où les rivalités interétatiques recoupent la concurrence des capitalismes nationaux, provoquant tout à la fois l'assujettissement des régions périphériques et celle des corps sociaux des nations centrales. Le premier conflit mondial marque l'effondrement de cet ordre international, prélude aux secousses qui retrancheront la Russie de l'économie-monde capitaliste et porteront le national-socialisme au pouvoir en Allemagne.

Des décombres de la barbarie nazie qui ravagea l'Europe, émerge après la guerre un mode d'organisation social nouveau, synthèse des avancées sociales apparues en Europe entre les deux guerres et des innovations radicales apportées à l'organisation du travail aux États-Unis. Le fordisme est le nom généralement donné à cette combinaison d'une dynamique d'accumulation devenue intensive

— donc moins tributaire de son expansion spatiale — et recentrée sur la croissance des marchés intérieurs, et de la régulation étatique des compromis sociaux grâce auxquels elle peut se développer. Rétrospectivement, l'État-providence keynésien apparaît ainsi comme une tentative unique sur le plan historique de concilier la dynamique de l'accumulation capitaliste et la préservation d'un ensemble de règles et de conventions protégeant le corps social de ses effets les plus néfastes, tout en l'associant aux bénéfices de la croissance qui en découle.

Cette régulation keynésienne des capitalismes nationaux pouvait s'accommoder de l'internationalisation des économies tant que celle-ci restait circonscrite au cadre des échanges de biens et services entre nations de systèmes socio-économiques comparables. Elle devait se révéler particulièrement vulnérable à la mondialisation des flux financiers, aux phénomènes de délocalisation de la production vers les zones à bas salaires et à l'émergence de nouvelles concurrences de la part de nations ne pratiquant guère les compromis sociaux inaugurés par les social-démocraties européennes. L'économie internationale pouvait être gérée dans le cadre d'un système interétatique hiérarchisé, sans que l'autonomie des politiques économiques nationales ne soit remise en cause. L'économie mondialisée qui se met en place depuis le milieu des années soixante tend en revanche à faire éclater les cadres nationaux de régulation et fait ressortir l'absence ou la faiblesse des instances de régulation supranationales. Instabilité et exclusion, au Nord comme au Sud, sont les fruits de cette intégration sans régulation, de cette revanche des marchés sur les États, qui marque la fin de l'ère keynésienne.

Deux axes structurent la grille de lecture ici proposée des problèmes posés par la mondialisation de l'économie. Le premier, que définit la dialectique de l'intégration et de l'exclusion au niveau international, s'attache aux effets de l'expansion spatiale de la sphère capitaliste. Le second, qui oppose les logiques d'affrontement et de coopération, tente d'apprécier le degré d'organisation des relations économiques à l'intérieur de cette sphère et notamment dans son noyau central.

PREMIÈRE PARTIE
INTÉGRATION ET EXCLUSION

L'une des caractéristiques les plus frappantes de la diffusion du mode de production capitaliste est le double phénomène d'intégration et d'exclusion qu'elle suscite. Porteurs d'une charge émotionnelle forte, ces deux termes sont employés habituellement en référence au concept de socialisation, autrement dit de création ou d'affermissement des liens sociaux. Ses vecteurs principaux dans les États-nations contemporains sont la famille, la citoyenneté, le système éducatif et l'insertion professionnelle. D'autres modes de socialisation, comme la religion, qui jouaient un rôle central dans les sociétés préindustrielles, ont été progressivement refoulés dans les sociétés les plus avancées sur le plan économique. Ils demeurent un facteur majeur de cohésion sociale dans nombre de sociétés économiquement sous-développées.

L'antithèse de la socialisation, particulièrement visible à l'heure du chômage de masse, de la xénophobie renaissante et de la décomposition familiale, est l'exclusion. Elle est le produit de la rupture d'un ou plusieurs des liens sociaux évoqués plus hauts : échec scolaire, sortie forcée du marché du travail, éclatement de la cellule familiale, non-renouvellement d'une carte de séjour, etc. Avec en toile de fond, l'impuissance des appareils d'État, dans la plupart des cas, à colmater les brèches du système productif et du dispositif de protection sociale, ou encore à réactiver les réflexes disparus d'une solidarité sociale élémentaire.

Élaborés au plan national, ces concepts acquièrent une pertinence nouvelle au plan international. Aux formes de socialisation traditionnelles et modernes des individus dans les communautés nationales, correspondent des modes d'insertion des nations dans l'économie mondiale, qui sont porteurs d'intégration ou, au contraire, d'exclusion : intégration au sens de participation à la dynamique de croissance mondiale ; exclusion au sens de marginalisation dans les flux mondiaux d'échanges, d'investissements et de financements, dont l'un des symptômes est la dépendance à l'égard de l'aide internationale.

Ces processus d'intégration et d'exclusion, à l'intérieur de chaque nation et entre nations, entretiennent des relations complexes les uns avec les autres. Le mécanisme concurrentiel constitue, en règle générale, un jeu à somme nulle sanctionné par une redistribution des parts de marché, donc de l'emploi. Ainsi, l'intégration de nouvelles régions (l'Extrême-Orient, par exemple) ou nations à la dynamique capitaliste mondiale peut provoquer, par la concurrence nouvelle qu'elle suscite, des phénomènes d'exclusion massive dans des régions d'industrialisation ancienne qui peinent à se reconvertir. Inversement, le jeu macroéconomique des multiplicateurs d'emplois et de dépense, mis en évidence par Kahn et Keynes, tend à diffuser la croissance d'un pôle d'activité à l'autre, tant au plan national qu'au plan international.

La grille des relations entre les phénomènes d'intégration et d'exclusion ne se limite pas cependant à l'enchevêtrement de ces mécanismes de destruction et de multiplication d'emplois. Certaines formes d'intégration à l'économie mondiale sont fortement excluantes au plan interne. Cela est particulièrement visible lorsque le mode de production capitaliste se déploie sur de nouveaux espaces, enrôlant de la force de travail en même temps qu'il désarticule les structures sociales traditionnelles, familiales et productives. Ce phénomène, typique des processus de périphérisation des espaces coloniaux au XIXe siècle et dans la première partie du XXe siècle (voir premier tome), est encore perceptible dans de nombreux pays en développement (PED), lorsque l'expansion de nouvelles cultures d'exportation rejette vers les grands centres urbains les paysans dépossédés de leurs terres (en Amérique latine, par exemple). De façon plus radicale encore, la persistance dans certaines régions périphériques (Afrique subsaharienne notamment) de spécialisations héritées de la période coloniale, peu adaptées à la demande mondiale, est synonyme à la fois d'exclusion et de marginalisation au plan international, de paupérisation et de décomposition sociale au plan interne.

L'expérience historique des pays d'Europe de l'Est constitue un autre cas de figure, celui d'une tentative de déconnexion de l'économie-monde capitaliste en vue d'une meilleure intégration interne. Cette logique, le plus souvent subie, n'a guère permis à ces pays de modifier l'insertion de type semi-périphérique dans l'économie mondiale qui était la leur avant leur basculement dans le communisme. Longtemps refoulé, le mécanisme concurrentiel s'y développe aujourd'hui de façon anarchique, révélant un sous-emploi de masse que les politiques d'ajustement en cours ne sont guère en mesure de résorber à court terme. En dépit d'un potentiel industriel considérable, la problématique de l'intégration de ces pays à l'économie mondiale ne diffère pas fondamentalement de celle des autres régions en voie d'industrialisation.

I / La diffusion mondiale du mode de production capitaliste

La diffusion internationale du mode de production capitaliste est le produit de deux logiques concurrentes et complémentaires à la fois : une logique que l'on peut qualifier d'externe, au sens où elle se rapporte à l'expansion spatiale du capitalisme depuis ses foyers d'origine vers la périphérie du système ; et une logique interne, qui est bien souvent une réaction à cette expansion, non pas dans un sens de fermeture, mais d'internalisation de cette force d'expansion, de prise en charge nationale de la dynamique de croissance capitaliste. Le Japon de l'ère Meiji offre l'exemple le plus pur de ce type de réaction. Son succès dépend pour une part de la réceptivité des acteurs locaux aux formes d'organisation du travail et aux mécanismes de socialisation véhiculés par le mode de production étranger. Il dépend aussi de la capacité de l'État à organiser cette socialisation nouvelle, à promouvoir les techniques de production importées et à protéger la société des effets destructeurs d'une diffusion trop rapide ou d'une application trop systématique du mécanisme concurrentiel.

1. Formes de la pénétration des capitaux étrangers

La formation des empires coloniaux au cours des quatre siècles qui ont suivi le grand désenclavement planétaire s'était accompagnée, on l'a vu, d'un processus de périphérisation des économies soumises, autrement dit d'une restructuration de leurs productions en fonction des besoins de consommation finale ou intermédiaire des nations centrales (voir chapitre III du premier tome). L'introduction de rapports de production capitalistes se limitait cependant à l'époque aux secteurs agricole et minier. Les premières tentatives d'industrialisation des régions périphériques sont postérieures à la décolonisation. Les États nouvellement indépendants en furent naturellement les promoteurs, en association étroite avec les bourgeoisies locales naissantes. Très logiquement, c'est en Amérique latine, région politiquement indépendante depuis le début du XIXe siècle, que ces premières tentatives furent menées, sans grand succès toutefois jusqu'à la grande crise des années trente. Dans les autres régions en développement, les stocks d'équipement industriels et d'infrastructures économiques demeuraient extrêmement modestes, voire inexistants, à l'issue de la Seconde Guerre mondiale [Lacoste, 1965]*.

La multiplication des foyers d'industrialisation dans les PED au cours du demi-siècle écoulé est ainsi indissociable de l'émancipation du statut colonial. Elle peut être interprétée comme le résultat de la libération de forces auparavant réprimées par le pacte colonial, d'une intervention volontariste des États visant à promouvoir le développement national, ou encore comme l'effet des stratégies d'investissement des firmes multinationales (FM), soucieuses de conserver la maîtrise de marchés désormais abrités par des barrières douanières ou de tirer parti du faible coût de la main-d'œuvre. La pénétration des capitaux étrangers ne se limite pas cependant à l'investissement direct international (IDI) et ses formes dérivées (cession de licences, sous-traitance, etc.). Elle a pris, dans les années soixante-dix, du fait de l'essor du marché des eurodollars, des formes nouvelles, associant crédit et importations d'ensembles industriels ou de complexes d'infrastructures. A quoi s'ajoute l'action toujours très ambiguë de l'aide publique au développement, qui n'est bien souvent qu'un vecteur supplémentaire de l'influence politique des nations économiquement avancées.

L'investissement direct

Des différentes formes de pénétration des capitaux étrangers, l'IDI est celle dont la contribution à l'industrialisation est la plus directe. Idéalement, l'IDI est générateur à la fois de devises, de productions nouvelles — donc d'emplois nouveaux — et de transferts de technologie. Contrairement à l'importation d'équipements, la

* Les références entre crochets renvoient à la bibliographie en fin d'ouvrage.

technologie n'est pas seulement incorporée aux systèmes de machines installés dans le pays récepteur. Elle est aussi maîtrisée par les agents étrangers de l'IDI, qui ont intérêt à ce que sa mise en œuvre soit effective et profitable. L'IDI est ainsi l'occasion d'un transfert de savoir-faire, d'un apprentissage, voire d'une appropriation des technologies étrangères et des méthodes d'organisation et de gestion par les opérateurs locaux de l'entreprise : associés, cadres, techniciens et ouvriers.

Malgré ses vertus théoriques, l'IDI a longtemps été considéré par nombre de PED et d'économistes du développement comme un des vecteurs essentiels de la dépendance à l'égard des pays industrialisés (PI). A l'appui de cette représentation venaient le non-réinvestissement sur place des profits réalisés, souvent rapatriés vers les pays d'origine des FM, le contrôle intégral du capital par les FM, l'absence de participation locale aux fonctions d'encadrement, la rotation rapide d'une main-d'œuvre jeune, souvent féminine (dans le textile et l'électronique notamment) et sous-payée, à quoi s'ajoutaient l'influence parfois trop visible des firmes en question sur la politique locale et, dans le cas des IDI miniers, le sentiment d'un pillage des ressources naturelles du pays sans contrepartie réelle pour le développement national.

Cette représentation de l'activité des FM, nettement dominante jusqu'à la fin des années soixante-dix, a certainement constitué un frein à leur pénétration dans les PED. Le nombre de firmes expropriées a ainsi atteint un sommet en 1975, avec plus de 80 firmes concernées dans une trentaine de PED [*The Economist*, 1993]. L'essor des pratiques de sous-traitance internationale est en partie une réponse des FM à la montée du risque d'expropriation pendant cette période.

Le tournant des années quatre-vingt

L'attitude des PED à l'égard des IDI s'est toutefois radicalement transformée dans les années quatre-vingt. Si la crise de la dette provoqua, dans un premier temps, l'effondrement des flux d'IDI dans ces pays, elle a aussi suscité un net changement d'attitude de la part de gouvernements confrontés à une pénurie de devises et à une régression dramatique de l'investissement local. Au milieu des années quatre-vingt, le nombre de cas d'expropriation de filiales de FM était revenu à zéro. A l'inverse, le nombre de zones franches destinées à l'accueil des IDI en exemption de toutes taxes et de toute réglementation sociale contraignante était en forte progression.

Les FM demeurent cependant, on l'a vu, extrêmement sélectives dans leurs décisions d'implantation dans les PED. Leurs stratégies d'investissement se greffent généralement sur des dynamiques internes préexistantes plus qu'elles ne créent ces dynamiques. Elles privilégient les pays où il existe un potentiel de croissance important (à distinguer de ressources importantes dans le cas de l'investissement minier), un minimum de stabilité politique et des appareils d'État efficients. La relation conflictuelle entre États faibles et FM géantes, caractéristique des années cinquante et soixante, notamment en Amérique latine, a ainsi cédé la place à une relation de coopération vigilante, où les États s'efforcent de créer un environnement favorable à l'IDI tout en veillant à maximiser les transferts de technologie, en encourageant notamment la formation de *joint-ventures* et l'acquisition de licences étrangères.

Cependant, nombre d'États ne sont pas en mesure de poser des conditions aux FM et se contentent d'offrir les conditions les plus attractives possibles pour les IDI, espérant des retombées positives pour l'emploi et la balance des paiements. L'île Maurice, au sud-est de l'Afrique, offre un exemple de ce type d'attitude. A l'inverse, les États dont la dynamique de croissance semble la plus solide, comme la Corée du Sud ou Taiwan, n'ont guère hésité à exercer un contrôle très strict sur les IDI, qui ont été cantonnés aux secteurs non investis par les capitaux nationaux et n'ont pu être réalisés que sous la forme de *joint-ventures*.

L'hypersélectivité des FM dans leurs décisions d'implantation dans les PED se traduit par un désintérêt frappant pour les régions où la dynamique de croissance industrielle semble inexistante ou artificielle. Les capitaux étrangers, sous la forme d'investissements directs, sont ainsi remarquablement absents dans l'industrie de la plupart des nations arabes qui, Afrique du Nord et Proche-Orient réunis, accueillaient en 1992 moins de 5 % du stock d'IDI total dans les PED. L'industrialisation dans ces pays s'appuie depuis les années soixante sur l'exploitation de rentes d'hydrocarbures (pétrole, gaz naturel) ou du phosphate dans le cas marocain. L'industrie manufacturière, peu développée dans l'ensemble, est généralement une création de l'État, qui a pu, le cas échéant, s'appuyer sur des financements extérieurs pour acquérir la technologie clés en main. L'Algérie constitue le prototype de cette stratégie d'industrialisation étatique, volontiers méfiante de l'extérieur, centrée sur l'industrie lourde et dépendante d'une rente pétrolière (voir *infra*).

Les capitaux étrangers, sous toutes leurs formes, sont aussi remarquablement absents de l'Afrique noire (à l'exception du Nigéria et de l'Afrique du Sud) où l'industrie manufacturière continue d'occuper dans l'ensemble une place dérisoire dans la production globale. Une représentation simpliste pourrait laisser penser que c'est précisément l'absence d'investissements étrangers qui est à l'origine de la stagnation industrielle de cette zone. La causalité est cependant inverse. Le désintérêt des capitaux occidentaux ou asiatiques pour cette région du monde ne peut se comprendre qu'en référence à l'inertie du secteur privé et à l'absence de toute stratégie de décollage industriel de la part d'appareils d'État dont les principes d'organisation et les modes de fonctionnement ne semblent guère avoir évolué depuis la période coloniale.

Le crédit

Le financement extérieur est la forme la plus traditionnelle de pénétration des capitaux étrangers dans les régions en développement, mais aussi la plus périlleuse. Dès le XIXe siècle, la dépendance qui peut en résulter avait été expérimentée par les pays de type semi-périphérique. A la différence de l'IDI, qui se cantonne généralement dans la sphère privée, le crédit international engage en effet les États des pays débiteurs. D'une part, parce que les emprunts contractés le sont le plus souvent par les États eux-mêmes. D'autre part, parce que leur remboursement en devises dépend, outre la solvabilité intrinsèque de l'emprunteur, du niveau des réserves de change dont dispose la banque centrale.

S'il n'est pas toujours contraignant du point de vue de l'usage des ressources empruntées, l'endettement en devises crée pour le pays emprunteur une obligation d'adapter son appareil productif aux exigences du marché mondial. A défaut de respecter cette règle implicite, l'État débiteur s'expose à une intervention directe des créanciers dans ses affaires intérieures. Ceux-ci, en règle générale des banques privées, disposent naturellement du soutien explicite ou implicite de leurs États d'origine pour faire valoir leurs droits. La longue histoire des défauts de paiement des pays latino-américains, est-européens et méditerranéens témoigne à cet égard de l'étonnante faculté d'amnésie dont font preuve aussi bien créanciers que débiteurs dans leurs relations.

C'est que l'enjeu, pour tous, est de taille. Du point de vue des prêteurs, l'attrait de placements hautement rémunérateurs, garantis par les États des pays débiteurs, dans des régions au potentiel fantastique, est généralement irrésistible. L'évolution de la forme des financements indique cependant que les traces des déboires passés ne s'effacent pas complètement. Ainsi, à la dévalorisation massive des titres de la dette latino-américaine dans les années trente, qui ruina une foule de petits porteurs européens, répondit dans les années soixante-dix une forme de financement nouvelle, les crédits bancaires consortiaux à taux indexés, nettement plus sécurisante pour les créanciers. A la crise de la dette des années quatre-vingt, qui ébranla sérieusement le système bancaire international, répondit dans les années quatre-vingt-dix un retour en force de la finance directe, avec une participation beaucoup plus active des investisseurs institutionnels (voir chapitre II).

Financement extérieur et épargne intérieure

Du point de vue des PED, le recours au financement extérieur semble d'autant moins contournable qu'il fait figure de raccourci sur le chemin du développement économique national. Sa légitimité a été mise en évidence, sur le plan théorique, dès les années cinquante et soixante, par certains des pères fondateurs de l'économie du développement. Assimilable en première analyse à un complément d'épargne, le financement extérieur permet d'abord de rompre le cercle vicieux de la pauvreté décrit par Ragnar Nurkse [1953] : en raison de la faiblesse de leurs revenus, les pays pauvres ne disposent que d'un volume d'épargne insignifiant, qui n'autorise guère le financement d'investissements créateurs d'emplois, donc de revenus, etc.

Le modèle des « deux écarts », présenté dès 1966 par Hollis Chenery [1981], souligne que le manque d'épargne intérieure n'est pas le seul cas de figure justifiant le recours au financement extérieur. L'investissement dans les économies en développement est aussi limité par la possibilité d'importer les biens d'équipement que l'industrie locale n'est pas en mesure de produire. Or, la rigidité de l'offre intérieure, et tout particulièrement de l'offre d'exportation, est telle qu'un surcroît d'épargne ne se traduit pas nécessairement par une résorption du déficit extérieur et donc du besoin de financement de la nation.

A ces arguments de type macroéconomique, s'en ajoutait un

autre, plus idéologique : contrairement à l'IDI, le recours au crédit permettait l'acquisition des technologies les plus modernes sans que la propriété du capital soit étrangère. La manne des pétrodollars dans les années soixante-dix et le recyclage auquel elle a donné lieu de la part du système bancaire international (voir chapitre VI du premier tome), ont permis à nombre de PED d'acquérir clés en main les unités de production industrielle censées leur offrir la technologie convoitée.

Ces « grands contrats », très prisés à l'époque par les pays développés, qui trouvaient là l'occasion de régler leur facture pétrolière, furent, en matière de transfert de technologie, un échec manifeste [Adda et Smouts, 1989]. Incorporée dans les systèmes de machines élaborés, installés et contrôlés par les ingénieurs et techniciens du pays vendeur, la technologie vendue est restée dans la plupart des cas hors de portée des opérateurs locaux. La dépendance à l'égard des FM exportatrices est restée pratiquement aussi forte que dans le cas des IDI, à ceci près que chacune des phases de la mise en œuvre du projet — depuis les études de faisabilité jusqu'à la commercialisation des produits — fait l'objet d'une facturation spécifique. Les dettes accumulées amenèrent en fin de compte une intervention du FMI et de la Banque mondiale bien plus pesante que la dépendance supposée à l'égard des FM lorsque celles-ci investissent directement dans le pays.

Sur un plan macroéconomique, la disponibilité des financements extérieurs ne s'est pas toujours traduite, pour les pays emprunteurs, par un surcroît d'investissements. Dès le début des années soixante-dix, le risque d'une substitution de l'épargne étrangère à l'épargne intérieure était souligné par plusieurs auteurs (voir, par exemple, Papanek [1972]). Dans un grand nombre de pays, l'abondance de devises a stimulé la consommation en élevant le taux de change réel, réduisant le taux d'épargne global de l'économie. Ce phénomène de substitution joue d'autant plus facilement que les importations de biens de consommation sont libéralisées et que l'accès aux financements en devises n'est pas réglementé. L'impact d'une ouverture financière prématurée est d'autant plus déstabilisant que la dégradation inéluctable du solde des paiements courants qui s'ensuit encourage la spéculation à la baisse du taux de change et donc la fuite des capitaux. Cette séquence, expérimentée par nombre de pays latino-américains à la fin des années soixante-dix, fut également à l'origine du krach financier mexicain de décembre 1994.

L'aide

En dépit de l'extrême liquidité du marché des eurodollars à la suite du premier choc pétrolier, l'accès au crédit bancaire international est resté limité, parmi les PED, à un groupe assez restreint de pays à croissance rapide, ou disposant de ressources naturelles importantes. Pour le reste des PED, et tout particulièrement pour les pays d'Afrique subsaharienne et d'Asie du Sud, l'aide publique est restée le canal principal du financement extérieur. Sur un plan strictement financier, l'aide se caractérise par ses conditions libérales. Elle est composée pour une grande part de dons et pour le reste de prêts à taux symboliques pouvant porter sur plusieurs dizaines d'années et assortis d'une période de franchise significative. Qu'elle transite par les agences nationales de développement ou par des institutions multilatérales, l'aide est dans sa quasi-totalité financée par les budgets nationaux des PI auxquels s'ajoutent de façon marginale les contributions des pays de l'OPEP et des anciens pays communistes. Au total, près de soixante milliards de dollars sont ainsi transférés sous des formes diverses aux PED, représentant 0,35 % du PIB des PI, pourcentage pratiquement constant depuis vingt-cinq ans.

Issue de la guerre froide et de la décolonisation, l'aide bilatérale est avant tout un instrument de politique étrangère pour les États donateurs, la monnaie d'échange d'une présence stratégique, d'une influence politique et culturelle. Sa fonction économique est cependant loin d'être négligeable. L'aide est en effet un puissant outil de pénétration commerciale. La moitié seulement de l'aide bilatérale des PI, telle qu'elle est recensée chaque année par le Comité d'aide au développement de l'OCDE, ne fait l'objet d'aucune liaison commerciale, autrement dit n'est en aucune façon conditionnée par l'achat — pour tout ou partie du montant de l'aide — de marchandises des pays donateurs. Mixée aux crédits commerciaux, eux-mêmes subventionnés, l'aide constitue pour les pays donateurs un moyen d'abaisser le coût des offres de financement de leurs exportations de biens d'équipement vers les PED.

Qui dit pénétration commerciale ne dit pas pour autant diffusion du capitalisme. L'Afrique subsaharienne, qui reçoit cinq fois plus d'aide par habitant que l'Extrême-Orient, n'accueille qu'une fraction infime des flux d'IDI et des investissements de portefeuille dans les PED (voir tableau I). On peut en dire autant de la région Afrique du Nord-Proche-Orient, que les ressources pétrolières ont rendue attractive sur le plan commercial — ce dont témoigne sa part dans les encours de crédits commerciaux sur les PED —, mais dont l'industrialisation est restée largement artificielle. Inversement, l'aide à motivation stratégique déversée de façon massive par les États-Unis sur la Corée du Sud et Taiwan, jusqu'au milieu des années soixante a efficacement contribué au succès d'un décollage industriel dont les ressorts étaient essentiellement internes. Le relais pris ensuite par les capitaux privés, selon une séquence qui semble s'étendre à l'ensemble de l'Extrême-Orient, confirme ce dynamisme industriel tout autant qu'il l'entretient.

TABLEAU I. — APPORTS FINANCIERS REÇUS PAR LES RÉGIONS EN DÉVELOPPEMENT, PAR TYPE DE CAPITAUX
(en pourcentage)

	Aide publique *Flux*	*Crédits commerciaux* *Encours*	*Crédits bancaires** *Encours*	*Investissements directs* *Flux*	*Investissements boursiers* *Flux*
	1993	*1993*	*1993*	*1994*	*1994*
Afrique subsaharienne	30	16	3	3	2
Afrique du Nord-Proche-Orient	10	20	5	3	1
Asie du Sud	11	3	6	1	20
Extrême-Orient	20	16	14	55	45
Amérique latine	10	27	45	24	26
Europe de l'Est	19	18	27	14	6
Total	100	100	100	100	100

* Crédits à plus d'un an garantis par les États des pays débiteurs et créances bancaires converties en obligations garanties.

Source : Banque mondiale, *World Debt Tables* [1995].

Contrairement à l'aide bilatérale, l'aide multilatérale, qui constitue environ 30 % de l'aide totale, n'est *a priori* pas astreinte aux objectifs commerciaux ou stratégiques des pays donateurs. Les institutions qui la gèrent — Nations unies, Banque mondiale, Fonds européen de développement, etc. — n'ont en principe d'autre objectif que le développement des pays récepteurs de l'aide, autrement dit la diffusion du capitalisme dans ces pays. Leur action consiste à financer des projets d'investissement productifs ou collectifs dont la rentabilité, privée ou sociale, semble assurée à long terme, ou encore à concourir à la restructuration et à la modernisation de secteurs entiers d'activités, tels l'agriculture, l'énergie ou les communications.

En ce sens, elle vient relayer, voire se substituer à l'action défaillante des États dans la création des conditions logistiques du développement. L'échec de nombreux projets et l'irruption de la crise de la dette dans les années quatre-vingt ont cependant encouragé une évolution spectaculaire de l'aide multilatérale vers le financement direct des balances des paiements des pays débiteurs. En contrepartie, les pays débiteurs sont tenus de mettre en œuvre les programmes d'ajustement dits structurels élaborés par la Banque mondiale et repris à leur compte par d'autres institutions, telle l'Union européenne. L'objectif général de ces programmes est l'introduction et la diffusion systématique des mécanismes de marché dans les économies débitrices, aussi bien dans le domaine des échanges extérieurs que dans le système financier et dans les secteurs traditionnellement réglementés par les États. A défaut de pouvoir implanter directement le mode de production capitaliste, les institutions multilatérales de financement consacrent désormais une grande partie de leurs efforts à la création des conditions institutionnelles propices à sa diffusion.

2. Les stratégies d'industrialisation

A l'exception de l'exploitation des ressources du sol et du soussol, la pénétration des investissements étrangers dans les régions en développement est toujours conditionnée par l'existence d'une force d'impulsion interne, généralement actionnée par les États. Trois exemples régionaux sont présentés ici, qui correspondent aux trois principales stratégies d'industrialisation mises en œuvre dans les PED.

L'industrialisation par substitution d'importations en Amérique latine

L'industrialisation par substitution d'importations, qui se développe en Amérique latine à partir des années trente, est à l'origine un phénomène spontané, que l'État ne tarda pas à encourager de façon systématique. Elle a pour point de départ une violente contraction des importations de la région, consécutive à l'effondrement de ses recettes d'exportation causé par la crise en Europe et aux États-Unis. Les pénuries ainsi provoquées sur les marchés locaux de produits manufacturés créèrent des opportunités d'investissement inespérées pour les entrepreneurs locaux, qui purent substituer des productions nationales aux biens les plus courants jusque-là importés. Prenant conscience des enjeux à long terme de cette dynamique, certains États de la région s'employèrent à la soutenir par des barrières tarifaires élevées et toutes sortes d'aides à l'investissement. Parallèlement, les régimes populistes, comme celui de Getulio Vargas au Brésil, s'efforçaient de créer les conditions d'une demande plus soutenue sur les marchés nationaux (instauration d'un salaire minimum, début de protection sociale...)

Centrés dans les années trente et quarante sur les biens de consommation courante et leurs intrants immédiats, cette dynamique industrielle s'est déployée à partir des années cinquante vers l'industrie lourde et la production de biens durables de consommation. La technologie requise par ce type d'industries n'était toutefois pas à la portée des entreprises locales. Elle sera apportée par les FM, soit sous la forme d'investissements directs, soit, dans le cas de l'industrie lourde (sidérurgie, pétrochimie), sous la forme de la vente des équipements et des brevets nécessaires à son fonctionnement, l'État prenant généralement en charge la constitution du capital. Attirées par la croissance rapide des marchés intérieurs et encouragées à investir sur place par les hautes barrières douanières élevées par les États, les FM donnèrent un dynamisme nouveau au développement économique de ces pays, apportant avec elles aussi bien les méthodes de production du monde occidental que ses normes de consommation.

La crise de ce modèle dans les années soixante s'interprète comme le résultat de deux contraintes majeures, qui n'ont pu, à l'époque, être desserrées. La première tient au mode de financement de l'industrialisation. L'investissement productif reste en effet dépendant de la possibilité, pour les entreprises, d'accéder aux devises requises par l'importation de biens d'équipement et des intrants dont elles ont besoin. Or la capacité d'importation du pays est limitée par les recettes d'exportation du secteur agricole. La surévaluation du taux de change, qui permet de réduire le coût des investissements industriels au détriment des revenus de l'oligarchie terrienne, bloque tout essor des exportations industrielles. La valeur des exportations fluctuant autour d'une tendance stable selon l'évolution des prix des matières premières, la croissance des investissements est bornée par la capacité d'endettement extérieur des États de la région, qui est nécessairement limitée.

La seconde contrainte est liée à la taille du marché intérieur et au niveau de revenu moyen de la population, qui ne permet guère de rentabiliser la production de biens à prix unitaires élevés. Elle sera en partie contournée, à partir des années soixante, par des politiques de concentration systématique des revenus permettant l'élargissement à une partie des classes moyennes des normes de consommation occidentales. Mises en œuvre par des régimes autoritaires, ces politiques laisseront un passif social extrêmement lourd, en plus d'une immense dette extérieure, aux gouvernements civils revenus au pouvoir dans les années quatre-vingt.

La promotion d'exportation en Extrême-Orient

Les deux obstacles rencontrés par les pays d'Amérique latine dès la fin des années cinquante pouvaient être contournés de façon définitive grâce à l'adoption d'une stratégie de promotion des exportations de produits manufacturés. En proposant aux producteurs le marché mondial comme débouché, cette stratégie résout simultanément le problème de l'insuffisance des débouchés intérieurs et celui des contraintes de balances des paiements. Certains pays latino-américains, comme le Brésil, l'adoptèrent dès la fin des années soixante, sans remettre en question pour autant leurs efforts de substitution aux importations dans l'industrie lourde [Adda, 1984]. Mais ce sont surtout les NPI d'Asie, Taiwan et Hong Kong dès les années cinquante, Corée du Sud et Singapour à partir des années soixante, qui la mirent en œuvre de façon systématique, avec le succès que l'on sait.

Dépourvus de matières premières, ces pays n'avaient d'autres choix pour équilibrer leur balance des paiements que d'exporter des produits manufacturés. L'aide américaine, massive dans le contexte de la guerre froide, fut conditionnée, à partir de la fin des années cinquante, par la mise en œuvre de stratégies de promotion des exportations. Simultanément, les entreprises américaines, confrontées à la concurrence japonaise dans le domaine du textile, étaient encouragées à délocaliser ou sous-traiter une partie de leur production dans ces pays à bas salaires, tandis que le marché américain était ouvert aux exportations des PED à fort contenu en produits intermédiaires originaires des États-Unis [Bouteiller et Fouquin, 1995].

A sa façon, chaque NPI s'engagea dans l'exportation de produits simples à fabriquer, exigeant peu de capitaux et beaucoup de main-d'œuvre. Sur le plan interne, cette stratégie présentait l'avantage considérable d'offrir des emplois au surplus de main-d'œuvre libéré par l'agriculture. L'élévation des taux d'activité, notamment féminins, la progression des salaires réels et la salarisation accélérée de la population permirent d'accroître rapidement le taux d'épargne des ménages, réduisant d'autant les besoins de financement extérieurs. A l'exportation, la compétitivité était assurée par une sous-évaluation délibérée des taux de change et par la maîtrise des coûts unitaires de production, la progression des salaires réels étant maintenue en dessous de celle des gains de productivité.

Toutefois, contrairement aux préceptes ricardiens, ces pays ne sont pas restés longtemps cantonnés dans les industries de main-d'œuvre. Sous l'impulsion des États (sauf à Hong Kong) et avec l'aide des FM, ils ont pu faire évoluer progressivement leurs spécialisation internationale vers des productions plus élaborées, requérant davantage de capitaux et de maîtrise technique, mais permettant aussi d'offrir des rémunérations plus avantageuses. Ainsi, en trente ans, ces pays sont passés de structures d'exportation centrées sur des produits simples comme les vêtements, les produits du cuir et du bois, les jouets et le petit matériel électrique, à des structures dominées par l'industrie lourde (construction navale, sidérurgie, pétrochimie), mais aussi à des industries à contenu technologique plus élevé comme le matériel informatique, les composants électroniques, l'électronique grand-public, l'automobile, etc. [OCDE, 1994]. Leur capacité à investir avec succès de nouveaux secteurs souvent très encombrés au niveau mondial témoigne du succès d'une stratégie consistant à préparer l'avenir en se fabriquant de nouveaux avantages comparatifs, et donc à tirer le meilleur parti des tendances longues de la demande mondiale.

Le protectionnisme des pays riches et la concurrence des nouveaux venus — Thaïlande, Malaisie, Indonésie, Chine — sur le sentier tracé par les premiers NPI constituent les principales menaces pesant sur cette stratégie de développement. La capacité des régimes, pour certains en voie de démocratisation, à faire davantage de place aux aspirations des populations à des conditions de vie et de travail plus décentes, et par là même à rééquilibrer la croissance au profit de la demande intérieure, constitue un des principaux défis auxquels ils sont désormais confrontés.

Aussi bien la substitution d'importations que la promotion d'exportations sont des stratégies de remontée des filières industrielles. Le développement industriel se fait du simple au complexe, de l'aval à l'amont, les progrès réalisés par les industries d'aval (biens de consommation finale) offrant progressivement des débouchés à celles situées en amont (biens intermédiaires, biens d'équipement). La stratégie dite des industries industrialisantes, mise en œuvre par certains pays à rente pétrolière (Algérie, Iran, Irak dans les années soixante-dix), suit la démarche inverse. Son objectif est de briser au plus tôt la dépendance technologique à l'égard des PI en favorisant d'emblée le développement d'une industrie lourde (sidérurgie, pétrochimie) et d'un secteur des biens d'équipement. Sa logique est celle d'une diffusion vers l'aval des effets d'entraînement résultant de la disponibilité en amont d'une offre de biens intermédiaires et d'équipement bon marché. Ses méthodes sont inspirées de la planification centralisée des anciens pays communistes, avec lesquels elle partage parfois l'utopie d'une agriculture collectivisée dont le surplus pourrait être aisément transféré au secteur urbain.

La faillite de cette stratégie n'est plus guère contestée aujourd'hui. Faillite agricole, tout d'abord, qu'illustre la désorganisation des productions, la baisse des rendements et l'émigration des travailleurs ruraux. Faillite industrielle ensuite, les usines achetées clés en main tournant très en dessous de leurs capacités, incapables de produire des biens adaptés à la demande locale et encore moins de respecter les exigences de qualité, de fiabilité et de prix du marché mondial. Faillite économique, due à la priorité massive donnée aux industries lourdes, alors même que celles-ci ne créent qu'un nombre modeste d'emplois au regard des capitaux immobilisés et des évolutions démographiques, d'où chômage, sous-consommation et absence d'effets d'entraînement en aval. Faillite financière, qui s'explique par la dépendance acceptée à l'égard d'une rente pétrolière dont le volume fluctue avec le prix mondial du brut. En l'absence de tout effort de diversification des exportations, qui aurait exigé un revirement complet de stratégie, l'endettement seul permit de maintenir la capacité d'importations lorsque le prix du pétrole commença à baisser au début des années quatre-vingt, avant de s'effondrer en 1986. Faillite politique enfin, illustrée par la révolution islamique en Iran et la guerre civile en

Algérie, et que trahit la fuite en avant dans la répression intérieure et les agressions extérieures du régime irakien.

3. La primauté des dynamiques internes

Si elle décrit incontestablement, sur le plan historique, un mouvement centrifuge de diffusion, depuis l'Europe, d'un mode de production, l'expansion internationale du capitalisme ne peut se comprendre indépendamment de la capacité des sociétés à l'internaliser, à se l'approprier, à en créer leur propre version. Là où ces forces d'internalisation n'existent pas ou sont trop faibles, les capitaux pénètrent et, avec eux, les biens d'équipement et de consommation des pays développés, mais le capitalisme reste à la porte. L'investissement international ne s'intéresse à ces zones périphériques que pour y mettre en valeur certains produits de base, peu disponibles ailleurs. Le crédit, en cas d'existence d'une rente minière ou agricole, et surtout l'aide sont alors les formes dominantes de la pénétration des capitaux étrangers. La croissance économique reste alors tributaire de la valeur de la rente, déterminée de façon exogène par les marchés mondiaux, de celle de l'aide internationale et de l'évolution des prix à l'importation. L'Afrique subsaharienne, le monde arabe, l'Asie centrale et une partie au moins de l'Asie du Sud définissent les contours présents de cette périphérie de l'économie mondiale.

Le mode de production capitaliste trouve, en revanche, un espace propice à sa diffusion dans trois autres régions qui sont très tôt entrées en contact avec l'économie-monde européenne : l'Europe de l'Est, l'Amérique latine et l'Extrême-Orient. Les deux premières, qui furent rapidement absorbées par elle (voir chapitres I et III du premier tome), sont, par l'histoire et leur peuplement européen, des composantes plus ou moins excentrées de l'unité de civilisation européenne. La troisième pose des problèmes beaucoup plus redoutables de compréhension qu'il n'est pas question d'aborder ici [Banque mondiale, 1993 ; Krugman, 1994 ; Bouteiller et Fouquin, 1995]. On peut toutefois souligner la capacité des sociétés est-asiatiques à absorber et à internaliser la dynamique de croissance capitaliste en considérant trois aspects clés de leur développement national : l'éducation, l'existence d'une bourgeoisie locale et la capacité d'organisation économique de l'État.

L'éducation

Des différents ingrédients nécessaires au décollage industriel, l'éducation est certainement l'un des plus essentiels. Historiquement observée dans les pays d'industrialisation ancienne, la séquence qui va de l'alphabétisation à la révolution démographique, puis aux transformations politiques et économiques, joue également dans le cas des processus contemporains de développement [Todd, 1984]. Selon la Banque mondiale [1991, p. 43], l'impact sur le PIB à long terme d'une augmentation d'un an du niveau d'éducation moyen de la population varierait entre 4 % et 9 % selon le niveau initial. L'attention exceptionnelle portée par les pays d'Extrême-Orient à l'investissement éducatif dès les années cinquante constitue de ce point de vue l'un des aspects fondamentaux de leur réussite économique.

Le trait distinctif des politiques éducatives de ces pays ne réside pas tant dans l'importance des ressources publiques mobilisées à cette fin que dans la priorité donnée à l'enseignement primaire et secondaire, ainsi que dans l'effort de promotion de l'éducation des filles. A la différence de l'Inde ou des pays latino-américains, la part de l'éducation supérieure dans les budgets publics est minime en Extrême-Orient. Aux ressources publiques, s'ajoute en revanche une importante épargne privée affectée au financement des études scolaires ou universitaires. Quelques résultats comparatifs sont présentés dans le tableau II. Ils montrent qu'en vingt ans l'Asie de l'Est et du Sud-Est a pratiquement rattrapé l'Amérique latine, tandis que les niveaux moyens d'éducation demeurent très inférieurs dans les autres régions.

L'impact sur le développement économique des progrès spectaculaires enregistrés par l'Extrême-Orient dans le domaine éducatif est triple. Le haut niveau d'éducation de la force de travail favorise tout d'abord l'apprentissage des techniques modernes et donc l'élévation de la productivité. Le caractère massif et non élitiste de l'éducation agit positivement sur la distribution des revenus et donc facilite l'émergence d'une large classe moyenne ayant accès au marché moderne de consommation. Enfin, l'attention portée à l'éducation des filles accélère la chute de la fécondité, ce qui réduit à terme les tensions démographiques et sociales et permet aux familles d'épargner une part plus importante de leurs revenus.

TABLEAU II. — NIVEAUX D'ÉDUCATION
DANS LES RÉGIONS EN DÉVELOPPEMENT
(en pourcentage et nombre d'années)

	Alphabétisation des adultes		*Taux de scolarisation primaire et secondaire*		*Années d'études*	
	1970	*1990*	*1970*	*1990*	*Hommes*	*Femmes*
Afrique subsaharienne	28	47	26	46	2,2	1,0
Monde arabe	30	51	46	71	3,9	1,7
Asie du Sud	33	42	45	62	3,5	1,3
Asie de l'Est	–	74	66	88	6,2	3,7
Asie du Sud-Est	67	84	59	76	5,2	3,6
Amérique latine	76	85	69	86	5,3	5,1

Source : PNUD, *Rapport sur le développement humain* [1993].

L'existence d'une classe d'entrepreneurs

Acteur central du développement capitaliste, l'entrepreneur constitue souvent la figure manquante des sociétés périphériques. En son absence, seuls l'État et les capitaux étrangers sont en mesure d'initier une dynamique d'accumulation qui a toute les chances de rester autoritaire et dépendante. L'Extrême-Orient se caractérise de ce point de vue par l'existence de classes marchandes locales et par la présence de l'extraordinaire réseau marchand tissé par la diaspora chinoise sur les pourtours de la mer de Chine. Outre les 21 millions de Chinois de Taiwan et les 6 millions d'habitants de Hong Kong, environ 24 millions d'expatriés chinois résident dans la région, dont 8 millions en Indonésie, 6 millions en Thaïlande, 6 millions en Malaisie, 2 millions à Singapour et 1 million aux Philippines.

Dans tous les pays où elle est présente, cette diaspora a joué un rôle décisif dans le développement national, réalisant dans les sept pays précités un PIB estimé à 700 milliards de dollars, soit davantage que la Chine continentale. « Aux Philippines, les Chinois d'outre-mer représentent 1 % seulement de la population mais plus de la moitié de la capitalisation boursière. En Indonésie, les proportions sont respectivement de 4 % et 75 %, en Malaisie de 32 % et 60 % » [*The Economist*, 1996]. En Thaïlande, pays qui détient le record de la croissance mondiale de 1984 à 1994 (8,2 % par an en moyenne), devant la Corée du Sud, la Chine et Singapour, la moitié de la richesse nationale est entre les mains de la minorité chinoise [*ibid.*].

L'entreprise chinoise, à la fois autoritaire et décentralisée, s'appuie sur le savoir-faire familial accumulé et sur un sens de l'obligation extrêmement puissant. Son réseau international, souvent tissé de liens familiaux, lui permet de mobiliser facilement des capitaux et de répondre rapidement aux mouvements de la demande. Elle est pour beaucoup dans le décollage actuel de la Chine du Sud, dont elle est largement originaire et où ses investissements dépassent ceux des firmes américaines, japonaises et européennes combinés. Longtemps cantonné à la sphère internationale, comme l'avait été le capitalisme européen à l'époque médiévale, le capitalisme transnational chinois s'apprête à prendre le contrôle de l'espace continental chinois dans une séquence qui évoque de façon étonnante la période mercantiliste en Europe.

L'État, promoteur du développement national

A l'exception de Hong Kong, qui offre au monde l'exemple unique d'une économie intégralement libérale, l'État est omniprésent dans le développement asiatique. Non pas, certes, en tant qu'entrepreneurs, encore que certaines des réussites industrielles les plus spectaculaires de la région — telles la sidérurgie sud-coréenne, la pétrochimie et la construction navale de Singapour — soient dues à des investissements étatiques. Mais en tant que promoteur et régulateur du développement économique national, déployant son action à travers une planification indicative, une politique industrielle ultra-sélective — qui prend appui notamment sur le contrôle des importations, les subventions budgétaires, la bonification et l'allocation du crédit —, la création des infrastructures physiques et sociales nécessaires à la croissance, l'encouragement systématique de la recherche et, dans la plupart des cas, une synergie exemplaire avec le secteur privé.

Sans prétendre se substituer au marché, l'État lui sert de guide, organise la diffusion de l'information, facilite la coordination des décisions des agents privés et assure la mobilisation des ressources requises par les investissements jugés stratégiques pour le développement. Cette capacité d'intervention de l'État, qui tranche avec la vulgate libérale si longtemps diffusée par les institutions multilatérales, est rendue possible par l'assise d'appareils d'État à même de collecter, par l'impôt, les ressources nécessaires au fonctionnement des services publics et au financement des équipements collectifs et sociaux. L'existence d'un fort sentiment national, exacerbé dans certains cas par la persistance de menaces militaires proches (Corée du Nord et Chine), et d'une tradition pluriséculaire d'organisation étatique, constituent de ce point de vue un atout précieux, dont sont dépourvus nombre de pays africains et latino-américains.

II / La nouvelle configuration des rapports Nord-Sud

Produit de la rencontre des stratégies nationales de développement et des stratégies privées d'investissement des firmes multinationales, la diffusion du capitalisme dans les régions traditionnellement soumises à l'ancienne division internationale du travail est à l'origine d'une recomposition en profondeur de la carte économique mondiale. Les nations qui avaient espéré pouvoir fonder leur développement sur une meilleure valorisation de leurs ressources naturelles sans diversifier leurs bases exportatrices font l'objet d'une marginalisation inexorable dans les relations économiques internationales, dont les conséquences sociales et politiques internes peuvent être désastreuses. Celles qui sont parvenues à transformer leurs spécialisations internationales et à prendre pied sur les marchés mondiaux de produits manufacturés constituent un pôle d'attraction puissant pour les capitaux circulant désormais librement à l'échelle du globe. Aux rapports traditionnels de dépendance qui caractérisaient les relations entre un Nord développé et un Sud sous-développé ou en développement, se superposent désormais des rapports de concurrence qui sont susceptibles de fragiliser tout État, du Nord comme du Sud, incapable de promouvoir la compétitivité à long terme de son économie nationale.

1. La marginalisation des matières premières

Le pacte colonial, on s'en souvient (voir chapitre III du premier tome), cantonnait les pays colonisés dans un rôle d'exportation de produits de base, leurs marchés intérieurs étant réservés aux productions manufacturières métropolitaines. Les stratégies de substitution d'importations, mises en œuvre par nombre de PED après la guerre, remettaient en cause ce dernier aspect, mais non les spécialisations à l'exportation héritées de la période coloniale. Dans les années soixante, l'espoir prit corps parmi les PED réunis dans différentes instances internationales (CNUCED notamment) de pouvoir négocier avec les PI la mise en place de mécanismes de stabilisation des cours des produits de base à un niveau suffisamment rémunérateur pour assurer leur développement à long terme.

Les premiers succès de l'OPEP en tant que cartel de producteurs, au début des années soixante-dix, encouragèrent la formulation par les PED de revendications plus radicales sur la nécessaire transformation de l'ordre économique international. L'onde de choc propagée par le quadruplement du prix du pétrole entre octobre 1973 et janvier 1974 permit l'organisation, dans la seconde moitié des années soixante-dix, d'un dialogue Nord-Sud, censé promouvoir des relations plus équilibrées entre pays développés et en développement. Ce dialogue, qui ne déboucha sur aucune mesure significative, marqua l'apogée et en même temps la faillite des représentations interétatiques des relations Nord-Sud. C'est que, parallèlement, le déploiement des investissements des FM dans les économies en développement les plus dynamiques et l'essor de la finance internationale, alimenté entre autres par le recyclage des excédents de l'OPEP, donnaient une impulsion décisive au phénomène de mondialisation, qui battait en brèche les efforts diplomatiques inspirés d'une époque révolue.

Préoccupation centrale de nombre de PED, la question de la stabilisation des prix des matières premières illustre mieux que toute autre le gouffre qui s'est creusé entre la scène publique et la scène privée des relations Nord-Sud [Adda et Smouts, 1989]. Pour ces pays, la référence à un prix stable et rémunérateur des produits de base constitue une garantie de pouvoir d'achat international permettant, en théorie, de programmer l'acquisition de la technologie nécessaire à leur développement et d'accéder, en cas de besoin, aux sources privées de financement international. En filigrane, transparaît la conception précapitaliste d'une économie non soumise aux lois impersonnelles du marché, d'une économie encastrée — selon l'expression de Polanyi [1944] — dans une sphère sociale ici projetée au niveau international, comme régulée par une société des nations fantasmée. Le prix stable et rémunérateur n'est pas, de ce point de vue, autre chose qu'une version actualisée de la notion de

« juste prix » forgée au Moyen Age par les théologiens de l'Europe chrétienne, notion qui traduisait leur méfiance par rapport aux activités commerçantes et aux phénomènes d'enrichissement.

TABLEAU III. — DIVERSIFICATION DES EXPORTATIONS ET PERFORMANCES ÉCONOMIQUES DES RÉGIONS EN DÉVELOPPEMENT

(en pourcentage)	*Afrique*		*Proche-Orient*		*Amérique latine*		*Asie*	
	1970	*1990*	*1970*	*1990*	*1970*	*1990*	*1970*	*1990*
Composition des exportations								
– matières premières hors pétrole	63	31	11	6	64	40	49	16
– pétrole	23	47	80	74	24	26	9	10
– produits manufacturés	14	22	9	20	12	34	42	74

	Afrique	*Proche-Orient*	*Amérique latine*	*Asie*
Part en 1994 dans				
– le PIB mondial [a]	3,3	4,8	8,9	23,1
– les exportations mondiales [b]	1,7	3,9	3,9	16,6

a. Aux taux de change de parité des pouvoirs d'achat.
b. De biens et services.

Source : FMI, *World Economic Outlook* [1995].

Outre la difficulté, voire l'impossibilité, théorique de définir un tel prix, l'échec de tout accord politique durable sur la question de la stabilisation des matières premières s'explique par cela même qui motive les revendications des PED, à savoir la tendance à la dégradation des prix réels de ces produits. Deux problèmes doivent ici être distingués : celui de la volatilité, particulièrement prononcée, des prix des produits de base, et celui de leur tendance de long terme.

A la différence des prix des produits manufacturés ou des prix des services, les prix des produits de base sont extrêmement sensibles aux déséquilibres, réels ou anticipés, qui se forment sur les marchés. Cela tient notamment à leur position spécifique, en amont, dans la chaîne de la production [Giraud, 1989]. C'est vrai des matières destinées à la transformation industrielle (qu'elles soient d'origine extractive ou agricole), pour lesquelles toute rupture d'approvisionnement risque de paralyser la chaîne complète de fabrication des produits finis. La demande est donc très faiblement élastique à court terme. En cas de pénurie, présente ou prévue, la demande ne sera nullement freinée par la hausse des prix, au contraire, elle sera stimulée par la formation de stocks qui peuvent être tout autant préventifs que spéculatifs.

L'inélasticité de la demande par rapport aux prix est vérifiée aussi dans le cas des produits destinés à la consommation alimentaire (céréales et produits tropicaux). Une baisse des prix n'aura guère d'effet stimulant sur la consommation finale, elle libérera plutôt du pouvoir d'achat pour la consommation de produits manufacturés ou de services. Une hausse des prix, en revanche, encouragera la formation de stocks. Pour ces produits comme pour les matières industrielles, les fluctuations de prix sont pour partie absorbées par les marges des producteurs, pour partie répercutées en aval. Dans la plupart des cas, elles n'entrent que pour une part mineure dans la formation du prix du produit final.

L'instabilité des prix est en outre renforcée par l'inélasticité de l'offre à court terme. Cela est vrai de l'industrie extractive, mais aussi des plantations, seul secteur dont l'offre soit massivement concentrée dans les PED. Dans ces deux secteurs, la mise en place de nouvelles capacités suppose que la hausse des prix soit perçue comme durable, exige de lourdes immobilisations en capitaux et est soumise à des délais de développement importants. En cas de baisse des prix, à l'inverse, l'ajustement des capacités à la baisse sera d'autant plus lent qu'une partie importante du coût de production total correspond à l'amortissement du capital et aux frais financiers. Là encore, la baisse des prix devra être durable et profonde pour que l'offre commence à réagir.

Il en va de même, bien que pour d'autres raisons, de l'offre agricole. Celle-ci, soumise à de forts aléas climatiques, est généralement fortement protégée par les pouvoirs publics dans les PI. Elle concerne une part importante de la population dans les pays en développement. Dans les deux cas, une baisse des prix ne sera guère suivie à court terme d'une baisse de l'offre. Comme le note Pierre-Noël Giraud [1989, p. 110], « on ne licencie pas les paysans ». La rigidité de l'offre à court terme est par ailleurs renforcée dans le cas des PED lorsque la production est destinée à l'exportation. Les besoins en devises du pays peuvent alors justifier de subventionner en monnaie locale une production déficitaire tant que son bilan net en devises est positif. A la limite, la baisse des prix internationaux aura pour effet, dans les pays confrontés à des crises de balances des paiements, d'accroître le volume de l'offre de façon à limiter l'effet de la baisse des prix sur les recettes d'exportation en valeur.

TABLEAU IV. — PERFORMANCES ÉCONOMIQUES DES RÉGIONS EN DÉVELOPPEMENT SELON LEURS SPÉCIALISATIONS À L'EXPORTATION (Taux de croissance annuels moyens 1977-1994, en pourcentage)

	PIB	*Volume des exportations de biens*	*Volume des importations de biens*
Exportations prédominantes			
– pétrole	1,6	– 1,3	– 0,1
– produits agricoles	2,1	4,6	2,9
– produits minéraux	2,8	3,1	2,2
– services et transferts privés	3,5	2,5	5,1
– base diversifiée	4,3	6,5	6,8
– produits manufacturés	8,7	12,2	11,4

Source : FMI, *World Economic Outlook* [1995].

L'instabilité des prix est ainsi la contrepartie de la faible capacité autorégulatrice des marchés de produits de base à court terme. A long terme, les mouvements de prix exercent bien des effets de rappel sur l'offre et la demande, mais ces ajustements de capacité engagent eux-même l'avenir, de sorte qu'ils ne réduisent en rien les fluctuations des prix à court terme. Les conséquences désastreuses de ces fluctuations sur les revenus des producteurs et les finances extérieures (et publiques) des PED rendent parfaitement légitime leur volonté d'organiser sur une base internationale la stabilisation des cours.

Celle-ci suppose cependant que les fluctuations observées à court terme s'enroulent autour d'une tendance à peu près stable à long terme. Il n'en est rien. On touche là à l'ambiguïté fondamentale des projets de stabilisation des marchés mondiaux de matières premières. Longtemps controversée, la thèse de la dégradation des prix réels des matières, énoncée dès 1950 par Raùl Prebish et Hans Singer, n'est plus guère contestée aujourd'hui. Les études récentes menées par Grilli et Yang [1988] et Reinhart et Wickham [1994] font état d'une tendance déclinante des prix réels des matières premières non énergétiques de 0,6 % par an depuis 1900. La notion de prix réel se rapporte ici au prix relatif des matières premières par rapport à ceux des produits manufacturés exportés par les PI. Ainsi calculé, le prix réel des matières se situait en 1992 au plus bas niveau observé au cours du XXe siècle, 55 % en dessous du niveau enregistré en 1900, 66 % en dessous du sommet historique de 1917 et 60 % en dessous du pic enregistré en 1973, lors de la dernière grande vague de spéculation à la hausse.

Cette tendance lourde au déclin des prix réels des matières premières, qui est aussi une tendance à la dégradation des termes de l'échange pour les pays dépendants de ces produits à l'exportation, n'a rien de mystérieux. Elle découle fondamentalement du déclin rapide du contenu en produits de base de la production industrielle et de la consommation mondiales, autrement dit de la faiblesse des élasticités-revenu de la demande. Entre 1972 et 1992, le poids à prix constant de la consommation de matières premières dans le PIB de l'OCDE a ainsi chuté d'un tiers, passant de 0,9 % à 0,6 %. Qu'il s'agisse des mutations industrielles dans les pays développés (réduction du poids des industries lourdes, grandes consommatrices de produits de base et montée des industries de l'information, à valeur ajoutée immatérielle), de la substitution aux matières traditionnelles (cuivre, fer, étain...) de matériaux nouveaux (plastiques, fibres optiques, caoutchouc synthétique...) plus fiables, plus performants et moins coûteux, de la miniaturisation des produits ou du perfectionnement des techniques de récupération, tout concourt, dans un contexte de concurrence internationale exacerbée, au décrochage de la demande mondiale de produits de base par rapport au rythme de l'activité.

Le tableau est plus sombre encore pour les marchés de produits alimentaires où, à la saturation de la demande au Nord, se combinent le maintien de subventions massives de l'offre dans les PI et des progrès notables en matière d'autosuffisance alimentaire au Sud, en Asie notamment. Au total, la part des matières premières non énergétiques dans le commerce mondial, qui atteignait 27 % en 1970, n'est plus que de 15 % en 1992.

Pour les PED restés dépendants des produits primaires à l'exportation, la situation est d'autant plus difficile que l'autonomie des PI à l'égard des importations de ce type de produits ne cesse de croître. Selon la CNUCED, la part des PED dans les exportations mondiales de produits primaires, hors pétrole, n'a cessé de diminuer depuis 1970, passant de 43 % à l'époque à 30 % au début des années quatre-vingt-dix. Un seul PED, le Brésil, figurait alors, au dixième rang, parmi les dix premiers exportateurs mondiaux de produits primaires non pétroliers. Dans le secteur minier, l'investissement a déserté de façon systématique les pays à forte instabilité ou imprévisibilité politique, notamment en Afrique, pour se concentrer sur la « ceinture minière » de l'Occident (Canada, Australie, Amérique latine, Afrique du Sud).

Dans ces conditions, le véritable problème pour les PED exportateurs de ces produits n'est pas de se battre pour une inaccessible stabilisation des prix, il est de sortir du piège d'une spécialisation héritée de l'époque coloniale, qui constitue l'un des facteurs les plus puissants de blocage de leur développement (voir tableaux III et IV). Non seulement parce qu'elle conduit à leur marginalisation dans l'économie mondiale, mais aussi parce qu'elle encourage la formation d'économies de rente où les luttes pour l'appropriation du surplus créé par l'agriculture ou le secteur minier l'emportent sur toute problématique de création de richesses.

2. Le cas particulier du pétrole

Ce qui est vrai des matières premières l'est-il aussi du pétrole ? Produit stratégique par excellence, dont les fluctuations de prix affectent de façon immédiate les équilibres économiques et financiers mondiaux, le pétrole peut d'autant plus facilement se prêter à des tentatives de cartellisation que son exploitation a toujours été contrôlée par un petit nombre d'acteurs. Au cartel des « sept sœurs », qui maîtrisait l'ensemble de la chaîne allant de la production à la distribution jusqu'aux années soixante, a succédé une prise de contrôle de la production par les pays de l'OPEP dans les années soixante-dix.

La hausse spectaculaire des prix qui en est résulté, en 1973-1974, à l'occasion de la guerre du Kippour, et en 1979-1980, à la suite de la révolution iranienne, s'est traduite par la formation d'une rente considérable pour les pays producteurs (voir chapitre VI du premier tome). Le caractère artificiel de cette rente s'est toutefois révélé dans les années quatre-vingt, lorsque l'organisation a dû recourir pour la première fois à la fixation de quotas de production par pays pour maintenir les prix aux alentours de 30 dollars le baril (soit dix fois plus qu'à l'été 1973 et deux fois plus que fin 1978), en dépit des tendances baissières du marché mondial.

Faiblement élastiques à court terme aux variations, fussent-elles considérables, du prix du brut, la demande et l'offre mondiale de pétrole n'en réagissent pas moins à long terme aux mouvements des prix. Du côté de l'offre, le niveau élevé des prix dans les années soixante-dix et le comportement imprévisible des pays de l'OPEP ont permis et encouragé un redéploiement de l'exploration en dehors de la zone islamo-pétrolière. De 1979 à 1985, l'offre de pétrole non OPEP du monde non communiste s'est ainsi accrue de 26 %, en particulier en mer du Nord et au Mexique, tandis que la part de l'OPEP dans la production mondiale chutait de 47 % à 30 %.

Dans le même temps, la consommation mondiale de brut diminuait de plus de 10 % (18 % dans la seule zone OCDE) sous le quadruple effet du ralentissement de l'activité, des programmes d'économies d'énergie, de substitutions d'énergie au profit du nucléaire, du charbon et du gaz naturel, et des mutations structurelles qui réduisaient la part des secteurs énergétivores dans la production industrielle. Au total, la chute de l'intensité pétrolière du PIB — le rapport de la consommation de brut au PIB à prix constant — n'est pas moins spectaculaire que pour les matières premières : entre 1972 et 1992, celle-ci est passée dans la zone OCDE de 5,6 % à 3,4 % selon les calculs de l'OCDE.

En imposant des prix très au-dessus de leur tendance de moyen terme, l'OPEP sciait ainsi la branche sur laquelle elle était assise, dégradant à la fois la compétitivité du pétrole par rapport aux autres sources d'énergie et sa part dans l'approvisionnement pétrolier mondial. L'Arabie Saoudite, qui avait de fait accepté de jouer un rôle de producteur tampon, ajustant sa production à la baisse de façon à défendre le niveau des prix officiels, ne produisait plus à l'été 1985 qu'au quart de ses capacités, situation peu commune pour un pays disposant des plus larges réserves et des plus bas coûts de production mondiaux.

La stratégie de reconquête des parts de marché, au moyen d'une guerre des prix, imposée par ce pays à l'organisation en décembre 1985, s'interprète ainsi comme le désir de préserver à long terme la pérennité de la rente sur laquelle il fonde sa richesse. En ramenant le prix du pétrole à son niveau de 1974 en termes de pouvoir d'achat international (entre 15 et 18 dollars courants), l'Arabie Saoudite, et avec elle les autres monarchies du Golfe, rétablit des conditions propices à une reprise de la consommation mondiale, à un ralentissement de l'exploration hors de la zone islamo-pétrolière, et à l'élimination à terme des producteurs marginaux.

En 1995, la part de l'OPEP dans la production mondiale était ainsi revenue à 40 %, tandis que la consommation mondiale de brut se situait près de 16 % au-dessus de son niveau de 1985. A l'exception de l'Irak, dont la production fait l'objet, depuis l'invasion du Koweit, d'un embargo international, le taux d'utilisation des capacités de production de l'organisation est désormais proche de son maximum, tandis que la dépendance des PI à l'égard du pétrole OPEP est en hausse continue. En clair, au rythme actuel de progression de la consommation mondiale de brut (+ 1,5 % par an), les conditions d'un relèvement des prix en termes réels pourraient être réunies dans un avenir proche, sauf levée de l'embargo international sur l'Irak.

Le succès de la stratégie saoudienne, chèrement payé par les pays pétroliers fortement endettés et à forte population (Mexique, Algérie, Nigéria, etc.), témoigne non pas de l'efficacité d'un cartel de producteurs mais de la justesse d'une stratégie mise en œuvre en dépit de l'opposition ouverte de la plupart des pays membres de l'organisation. Pour les pays à faibles réserves, qui sont souvent les plus peuplés, l'effondrement et l'instabilité récente du cours du brut ne font que souligner l'urgence d'une diversification des exportations, dont l'Indonésie a donné l'exemple. Pour les pays du Golfe, qui contrôlent les deux tiers des réserves mondiales de brut, la stratégie actuelle témoigne d'une meilleure compréhension de leurs intérêts pétroliers à long terme, qui supposent de ne pas succomber à la tentation de maximiser la valeur de la rente à court terme. Son incidence sur le potentiel de croissance de ces économies est cependant largement indéterminée dans la mesure où celui-ci ne dépend pas tant du niveau de la rente que de l'usage, productif ou non, qui en est fait.

3. La redistribution mondiale des activités productives

La première vague de diffusion de l'industrialisation hors d'Europe occidentale avait touché, au XIXe siècle, les États-Unis, l'Europe orientale et le Japon. Parallèlement, les deux puissances majeures qu'étaient l'Inde et la Chine avant la colonisation avaient été rayées de la carte industrielle mondiale par les politiques coloniales. Au cours des deux premiers tiers du XXe siècle, la seule région nouvelle à se doter d'un appareil industriel fut l'Amérique latine. Malgré cela, en 1960 comme au début du siècle, les trois quarts de la production manufacturière mondiale étaient concentrés dans les pays actuellement développés (Europe occidentale, Amérique du Nord, Océanie et Japon). L'Europe de l'Est et les PED (y compris la Chine) ne réalisaient alors, d'après les estimations disponibles [Bairoch, 1982], qu'un peu plus d'un sixième et un peu moins d'un dixième respectivement de la production mondiale. L'industrialisation accélérée de l'Asie à partir des années soixante et l'effondrement économique récent du bloc soviétique ont bouleversé cette carte. Au milieu des années quatre-vingt-dix, la part des pays développés était revenue à moins des deux tiers, celle des anciennes économies communistes à un dixième, tandis que les économies en développement réalisaient le quart de la production manufacturière mondiale.

Cette poussée industrielle des régions en développement se traduit par une montée spectaculaire de leur contribution globale au produit mondial. Mesurée aux taux de change de parités de pouvoirs d'achat, la part des PED dans le PIB mondial atteignait 40 % en 1994 d'après les estimations du FMI [1995], au lieu de 34 % dix ans plus tôt. Selon les projections présentées par cette organisation, cette part dépasserait celle des PI au début des années deux mille (48 % contre 47 % en 2004), la part de l'Europe de l'Est restant stable à 5 %. Dès aujourd'hui, six économies en développement (Chine, Inde, Brésil, Indonésie, Mexique et Corée du Sud), auxquelles s'ajoute la Russie, font partie des quinze premières puissances mondiales en termes de masse économique. La Chine pèse d'un poids égal à celui du Japon, l'Inde à celui de la France, tandis que le PIB de l'Indonésie dépasse celui du Canada. D'après les projections de la Banque mondiale [1994], Taiwan et la Thaïlande auront rejoint le groupe des quinze premières puissances en 2020 (au détriment de l'Espagne et du Canada). Le poids économique de la Chine sera alors de 40 % plus élevé que celui des États-Unis. La part de ce qu'on appelle aujourd'hui les PED et de l'Europe de l'Est dans le PIB mondial atteindrait alors 62 %.

Cette montée en puissance du monde en développement est en fait une montée en puissance de l'Asie, et plus particulièrement de l'Extrême-Orient. Depuis 1979, l'Asie en développement a doublé sa part dans le produit mondial, la portant, au milieu des années quatre-vingt-dix, à près de 25 % (plus des trois quarts étant réalisés en Extrême-Orient), soit davantage que l'Amérique du Nord ou que l'Europe occidentale. Dans le même temps, la contribution au produit mondial des trois autres régions en développement — Amérique latine, monde arabe et Afrique subsaharienne — a diminué, sous l'effet notamment de la crise de la dette et du contre-choc pétrolier.

La poussée asiatique est, on l'a vu, intimement liée à son insertion dynamique dans les échanges internationaux. Celle-ci se manifeste aussi bien à l'exportation qu'à l'importation. Redoutables compétiteurs, les NPI asiatiques de la première et de la seconde génération sont responsables de la quasi-totalité de l'augmentation de la part des PED dans les exportations mondiales de produits manufacturés, de 5 % en 1970 à 22 % en 1993. En 1993, la part de l'ensemble des PED asiatiques sur les marchés mondiaux de produits manufacturés s'élevait à 17 % au lieu de 3 % en 1970. Hors Asie, seuls le Brésil et le Mexique jouent un rôle significatif sur ces marchés. A l'importation, l'Asie en développement, malgré son protectionnisme si décrié, fait désormais figure de locomotive de la demande mondiale. Son poids dépasse désormais celui des États-Unis. Il dépasse celui de l'Allemagne et du Japon réunis ainsi que celui de toutes les autres régions en développement réunies, Europe de l'Est incluse (tableau V).

TABLEAU V. — STRUCTURE DES EXPORTATIONS ET DES IMPORTATIONS MONDIALES DE MARCHANDISES PAR GRANDES RÉGIONS
(en pourcentage)

	Exportations			*Importations*		
	1977	*1985*	*1993*	*1977*	*1985*	*1993*
Groupe des Sept [a]	50,5	52,1	52,8	50,9	53,5	49,8
Autres pays industrialisés	18,3	19,0	19,6	22,9	20,0	21,1
Asie en développement	7,6	11,3	16,6	8,0	11,9	17,9
Amérique latine	3,9	3,2	2,5	4,9	3,0	3,0
OPEP	14,7	8,3	4,5	7,0	4,9	3,7
Autres pays	5,0	6,1	3,9	6,3	6,7	4,5
Total	100	100	100	100	100	100

a. États-Unis, Japon, Allemagne, France, Royaume-Uni, Italie, Canada.
Source : OCDE, Perspectives économiques.

Ce dynamisme commercial n'est, à son tour, pas dissociable du caractère rapidement évolutif de la spécialisation internationale de la région. Cette évolution se traduit simultanément par une montée en gamme technologique (voir chapitre I) et par une diffusion régionale des avantages acquis à chaque stade du développement. Les deux phénomènes sont liés. L'élévation du contenu technologique des productions dans les NPI de la première génération entraîne une appréciation tendancielle de leurs taux de change réels, qui réduit leur compétitivité sur les produits bas de gamme, tout en encourageant la délocalisation de leurs productions vers leur propre périphérie. A son tour, la concurrence des nouveaux venus dans les industries de main-d'œuvre et leurs propres efforts de remontée des filières de production contraint leurs prédécesseurs à accélérer leur engagement dans les secteurs à plus fort contenu technologique. Encore une fois, seule l'Asie orientale est, parmi les régions en développement, le théâtre d'un tel processus de démultiplication du travail à l'échelle régionale. En ce sens, la redistribution mondiale des activités productives est avant tout l'expression de l'émergence d'un nouveau pôle de puissance, le premier qui soit en mesure de menacer l'hégémonie occidentale sur l'économie mondiale.

4. La concurrence pour la captation de l'épargne et des investissements

Exclus des marchés financiers internationaux par la crise de la dette dans les années quatre-vingt, les PED constituent, depuis le début des années quatre-vingt-dix, un pôle d'attraction majeur des flux financiers internationaux. De 1991 à 1994, selon les données rassemblées par la Banque mondiale [1995], environ 500 milliards de dollars courants ont été prêtés, placés ou investis par des agents privés dans les régions en développement, Europe de l'Est incluse, à comparer avec 120 milliards de 1986 à 1989. Ces chiffres portent sur les flux nets dits de long terme, autrement dit les apports financiers à plus d'un an, déduction faite du remboursement du principal et des sommes désinvesties. Si l'on tient compte des intérêts payés sur les emprunts et des dividendes et profits rapatriés par les investisseurs étrangers, on obtient une mesure des transferts nets de ressources vers les PED, dont l'évolution est plus impressionnante encore. Négatifs de 1983 à 1990, les transferts nets d'origine privée approchaient 50 milliards en 1992 et 100 milliards en 1993 et 1994, soit 3 % du PIB de l'ensemble des PED.

Un cycle nouveau d'endettement s'ouvre ainsi, après ceux qui avaient marqué les années soixante-dix, les années cinquante et les années vingt, pour s'en tenir à ce siècle. Périodiquement attirés par le potentiel de croissance des régions en développement, les capitaux privés s'y investissent massivement chaque fois que les conditions de solvabilité des PED sont rétablies ou semblent assurées et qu'une activité ralentie déprime la rentabilité des investissements dans les PI.

D'un strict point de vue conjoncturel, le cycle présent ne diffère guère des précédents. Il intervient à l'issue d'une crise d'endettement sévère, dont l'Amérique latine fut une fois de plus le théâtre majeur, et à laquelle des solutions sérieuses ont commencé à être apportées à partir de la fin des années quatre-vingt, du moins pour les pays endettés principalement à l'égard du secteur bancaire (voir chapitre IV). Il s'est amorcé dans un contexte de récession dans les PI, dans le monde anglo-saxon d'abord, en Europe continentale et au Japon ensuite. L'excès d'épargne privée et la détente des taux d'intérêt caractéristiques de ces phases conjoncturelles ont encouragé la quête de placements dans les autres parties du monde, et ce d'autant plus que les obstacles à la mobilité des capitaux avaient été fortement réduits dans les années quatre-vingt. La croissance exceptionnelle des pays d'Extrême-Orient, et tout particulièrement de la Chine, et les rendements élevés des placements à court terme en Amérique latine, où les programmes de stabilisation monétaire portaient les taux d'intérêt réels à des niveaux inconnus ailleurs, ont fortement contribué à cette inversion spectaculaire des transferts financiers entre le Nord et le Sud.

A elles seules, ces deux régions ont absorbé 70 % des apports nets de capitaux privés aux PED de 1989 à 1993. Un tiers de ces flux sont concentrés sur deux pays : la Chine (20 %) et le Mexique (13 %). Parmi les autres régions en développement, seules l'Europe de l'Est et l'Europe du Sud (Portugal, Turquie et Grèce) ont constitué un pôle d'attraction significatif (22 %). L'Asie du Sud, le monde arabe et l'Afrique subsaharienne n'ont attiré en tout que 8 % de ces flux au cours de la période.

L'une des caractéristiques majeures du nouveau cycle financier Nord-Sud qui s'amorce est assurément la place exceptionnelle prise par l'Extrême-Orient (40 %) dans les flux de capitaux vers les PED. Restée largement à l'écart (à l'exception des Philippines et de la Corée du Sud) de la course aux financements bancaires dans les années soixante-dix, largement épargnée par la crise de la dette des années quatre-vingt, cette région récolte les fruits de son insertion réussie dans les échanges mondiaux. De façon significative, l'afflux de capitaux dont elle bénéficie ne s'accompagne pas d'un déficit croissant de la balance des paiements courants, mais d'une formidable accumulation de réserves de change (350 milliards de dollars pour l'ensemble de l'Asie fin 1994, dont plus de la moitié dans les

TABLEAU VI. — COMPOSITION DES FLUX FINANCIERS NETS À PLUS D'UN AN VERS LES PAYS EN DÉVELOPPEMENT
(Moyennes annuelles en pourcentage sauf mention contraire)

	1977-1980	*1986-1989*	*1990-1993*	*1994 (estimations)*
– Financements publics	46	59	38	24
– Crédits bancaires	24	4	2	}
– Crédits commerciaux	12	1	1	} 24
– Obligations	4	9	17	}
– Investissements directs	14	25	30	34
– Investissements boursiers	0	2	12	18
Total	100	100	100	100
Total en milliards de dollars	86	73	149	227
• dont flux privés	45	30	93	172

Source : Banque mondiale, *World Debt Tables* [1995] et OCDE, *Rapport annuel du Comité d'aide au développement.*

quatre NPIA). A l'inverse, la majeure partie des entrées de capitaux en Amérique latine finançaient jusqu'en 1994 un déficit courant dont le gonflement ne peut qu'inquiéter au vu des ratios d'endettement de la région (voir tableau VII). En ce sens, la ruée financière vers l'Extrême-Orient pourrait bien s'apparenter davantage au financement réussi de l'industrialisation des États-Unis à la fin du siècle dernier qu'aux cycles d'endettement passés des PED.

L'autre caractéristique majeure de l'engouement financier pour les PED, dans la première partie des années quatre-vingt-dix, est la place modeste prise par l'intermédiation bancaire (voir tableau VI). Près de la moitié des flux financiers privés nets sur la période 1990-1993 correspond à des investissements directs. Un cinquième des flux privés nets est constitué d'investissements de portefeuille, qu'il s'agisse de souscription d'actions locales par des non-résidents ou d'actions émises par les entreprises locales sur des Bourses étrangères.

Ce phénomène, inexistant dans les années soixante-dix, est stimulé par les mesures de libéralisation des marchés financiers prises par nombre de PED et par les politiques de privatisations, elles-mêmes fortement encouragées par les institutions multilatérales. En 1993, les « marchés émergents » des régions en développement ont ainsi capté 12 % des flux mondiaux d'investissements de portefeuille, contre moins de 1 % en 1987. A la même date, la capitalisation des marchés émergents a franchi le seuil des 1 000 milliards de dollars, soit dix fois le niveau de 1983 et 12 % de la capitalisation boursière mondiale. Rapportée au PIB, la capitalisation boursière du Chili, de la Malaisie, de Hong Kong et de Singapour dépasse celle de la France, de l'Allemagne ou de l'Italie.

Ces données témoignent *a priori* du caractère durable de l'inversion des flux financiers en faveur des PED dans les années quatre-vingt-dix. Contrairement aux cycles d'endettement passés, les tendances financières récentes reflètent pour une large part la mutation structurelle de la carte économique mondiale liée à la montée en puissance de l'Extrême-Orient. La part prépondérante des investissements directs dans les flux nets de capitaux reçus par cette région illustre parfaitement ce point.

TABLEAU VII. — BALANCE DES PAIEMENTS DE L'ASIE ET DE L'AMÉRIQUE LATINE

(En milliards de dollars sauf mention contraire)

	1987	*1988*	*1989*	*1990*	*1991*	*1992*	*1993*	*1994*
Asie								
– Solde courant	23	13	5	2	3	3	–11	4
– Entrées nettes de capitaux	21	20	28	42	63	56	92	92
• non créateurs de dette	8	9	6	11	15	19	35	42
• emprunts nets	13	11	22	31	48	38	57	49
– Erreurs et omissions	–2	–17	–15	–17	–20	–25	–30	–27
– Variation des réserves	42	16	18	27	46	34	51	69
Ratio du service de la dette*	14	11	10	9	8	8	8	8
Amérique latine								
– Solde courant	–9	–8	–6	–2	–18	–35	–45	–47
– Entrées nettes de capitaux	13	11	13	34	34	64	75	55
• non créateurs de dette	6	9	7	7	12	13	14	15
• emprunts nets	7	2	6	27	22	51	61	40
– Erreurs et omissions	–1	–4	–5	–14	0	–8	–9	–15
– Variation de réserves	3	1	2	18	16	21	21	–7
Ratio du service de la dette*	40	42	30	29	43	40	41	39

* Rapport du service de la dette aux exportations de biens et services, en pourcentage.

Source : FMI, *World Economic Outlook* [1995].

La situation de l'Amérique latine est à cet égard fort différente. D'une part, la part des flux non créateurs de dette dans les entrées nettes totales de capitaux y est nettement moindre qu'en Asie (voir tableau VII). En second lieu, la majeure partie des financements reçus correspond à des emprunts à court terme (65 % dans le cas du Mexique de 1991 à 1993, 50 % dans le cas de l'Argentine), sous la forme notamment de souscription de titres locaux. L'instabilité de ce type de placements a été illustrée par la crise mexicaine de décembre 1994. Les arbitrages des investisseurs financiers dépendent en effet du différentiel d'intérêt avec les PI (États-Unis notamment) d'une part, des anticipations de change sur la monnaie locale, d'autre part. Une remontée des taux d'intérêt aux États-Unis ou une dégradation de la balance des paiements locale est susceptible d'entraîner un renversement brutal des flux de capitaux. Celui-ci risque d'autant plus de se produire que l'afflux de capitaux s'accompagne d'une réduction du taux d'épargne locale et non d'un redressement du taux d'investissement, selon l'effet de substitution décrit au chapitre I. Au Mexique, l'épargne privée a chuté de 19 % du PIB en 1988 à 9 % en 1994.

Contrairement aux évolutions observées en Extrême-Orient, la manne financière dont a bénéficié l'Amérique latine au début des années quatre-vingt-dix s'est traduite en règle générale par un relèvement modeste des taux d'investissement (22 % du PIB en 1993, contre 35 % en Extrême-Orient), un boom de la consommation privée de biens importés et un relâchement des finances publiques. Simultanément, la plupart des pays de la région laissaient leurs taux de change s'apprécier dangereusement en termes réels, cela afin de soutenir les processus de désinflation engagés souvent dans les plus grandes difficultés. Le résultat a été une dégradation de la compétitivité et un creusement spectaculaire, dans le cas du Mexique et de l'Argentine notamment, des déficits courants.

L'évolution de l'économie mexicaine est particulièrement déconcertante, avec un taux de croissance économique déclinant de façon continue de 4,5 % en 1990 à 0,7 % en 1993. Dans un climat politique dégradé, la détérioration rapide du solde courant devait entraîner un retournement des anticipations de change en 1994. Les taux d'intérêt se redressant aux États-Unis, les capitaux qui s'étaient massivement investis sur le marché financier local de 1990 à 1993 se sont en quelques mois volatilisés, provoquant l'effondrement des imposantes réserves de change, prélude à celui du taux de change. Pour la troisième fois en douze ans (1982, 1986 et 1994), le Mexique se retrouvait virtuellement en cessation de paiement, obligeant les États-Unis à organiser la plus vaste opération de sauvetage financier jamais organisée au profit d'un État souverain (voir chapitre v).

Comme en 1982, la défiance suscitée par la crise mexicaine se propageait à l'ensemble de la région, mettant en difficulté les banques centrales et les systèmes financiers locaux. En Argentine, la contraction monétaire causée par la fuite des capitaux provoquait une chute du PIB de 4,4 % en 1995 et un nouveau cycle de négociations avec le FMI en vue de consolider la balance des paiements. Dans l'ensemble de la région, la crise mexicaine aura révélé la vulnérabilité persistante des économies locales face aux inflexions de la conjoncture financière mondiale et la fragilité du redressement financier intervenu au début des années quatre-vingt-dix.

III / La persistance du sous-développement

Le décollage industriel de l'Extrême-Orient est assurément l'un des phénomènes économiques les plus marquants de la seconde moitié du XXe siècle. Replacé dans une perspective historique plus large, il apporte la preuve qu'il n'y a pas de fatalité du sous-développement et confirme, après le précédent japonais, que le capitalisme n'est pas voué à s'épanouir exclusivement dans les contrées de peuplement européen. La réinvention du capitalisme [Bayart, 1994] par les pays de la mer de Chine souligne toutefois l'importance des dynamiques nationales et des processus d'appropriation locale des techniques étrangères dans la diffusion de ce mode de production. Elle fait par là même ressortir les résistances d'autres régions du monde à la logique de l'accumulation du capital et l'importance des phénomènes d'exclusion qui accompagnent la pénétration des capitaux lorsque celle-ci est purement exogène.

1. Dimensions de l'exclusion

Pauvreté et chômage sont assurément les deux dimensions majeures de l'exclusion sociale dans un cadre national. Considérées au plan international, ces deux dimensions dessinent toujours une ligne de partage entre des pays globalement riches et les pays anciennement colonisés, ligne franchie par une poignée seulement de micro-États en développement (Émirats arabes unis, Singapour, Koweit, Hong Kong et île Maurice). L'extrême inégalité des revenus qui caractérise un grand nombre de PED montre cependant que cette ligne traverse les nations elles-mêmes. Aux îlots de richesse depuis longtemps émergés dans ces pays fait pendant la multiplication des enclaves de pauvreté dans les pays d'industrialisation ancienne. L'industrialisation de ce qui fut longtemps convenu d'appeler le tiers monde s'accompagne ainsi d'une tiers-mondisation de l'Occident, qui donne au traditionnel antagonisme entre le Nord et le Sud une dimension transnationale.

Les écarts internationaux de revenus

Contrairement aux espoirs entrevus à l'issue de la décolonisation, les écarts de revenus entre pays riches et pays pauvres ne se sont globalement pas résorbés au cours des trente dernières années. Selon les données compilées par la Banque mondiale, le revenu par habitant des économies en développement d'Afrique, d'Asie et d'Amérique latine s'est accru de 2,2 % par an en moyenne entre 1965 et 1993, au lieu de 2,6 % dans les PI. Ces moyennes recouvrent évidemment d'importantes disparités régionales. Dans le cas de l'Extrême-Orient, la progression du revenu par habitant est deux fois plus rapide depuis 1965 que celle des PI. Mieux, l'écart des taux de croissance tend à s'accentuer au profit de cette région dont le PIB par habitant croît trois fois plus vite que celui des PI depuis le début des années quatre-vingt. Le monde arabe avant le premier choc pétrolier, l'Europe de l'Est dans les années soixante-dix et l'Asie du Sud dans les années quatre-vingt sont les seules régions qui ont connu, un temps, une croissance plus rapide que celle des PI. Sur l'ensemble de la période, cependant, le revenu par habitant de ces trois régions s'est accru moins vite que celui des pays riches.

La progression des revenus par habitant ne permet pas, toutefois, d'appréhender l'ampleur des disparités internationales de revenus. Celle-ci requiert une comparaison des niveaux de revenus réels, autrement dit des pouvoirs d'achat, qui ne peut s'appuyer sur la seule utilisation des taux de change courants. Les taux de change de parités de pouvoir d'achat (PPA) permettent de résoudre cette difficulté. Ces taux de change théoriques sont ceux qui égalisent en moyenne les niveaux de prix entre les différents pays. Le tableau VIII présente, pour les différentes régions, une mesure du pouvoir d'achat moyen des populations à différentes époques, rapporté à celui observé aux États-Unis. Il montre que si des processus de convergence des niveaux de vie sont à l'œuvre au sein du monde industrialisé, d'une part, et entre l'Extrême-Orient, Chine incluse, et les PI, d'autre part, il n'en va pas de même pour les autres régions en développement.

TABLEAU VIII. — CROISSANCE ET ÉCARTS INTERNATIONAUX DE REVENUS PAR HABITANT

	Taux de croissance annuel moyen du PIB par habitant (en pourcentage)		*Écarts internationaux de PIB par habitant* (taux de PPA) (États-Unis = 100)		
	1965-1980	*1980-1993*	*1960*	*1978*	*1994*
États-Unis	3,0	2,2	100	100	100
Japon			31	68	85
Union européenne à 15			58	71	72
Autres pays industrialisés			45	54	50
NPI d'Asie, 1re génération [a]	5,1	6,4	11	23	57
NPI d'Asie, 2e génération [b]			11	14	18
Chine			4	5	13
Europe de l'Est et Asie centrale	4,4 [c]	– 0,3	29	34	17
Amérique latine	3,2	– 0,1	26	29	24
Monde arabe	4,0	– 2,4	21	31	19
Autres pays asiatiques	1,4	3,0	6	5	6
Afrique subsaharienne	1,3	– 0,8	9	8	4

a. Corée du Sud, Taiwan, Hong Kong et Singapour.
b. Malaisie, Thaïlande et Philippines.
c. 1970-1980.

Source : Banque mondiale [1991 et 1995b] et *The CEPII Newsletter*, n° 3, 1er semestre 1995.

Le cas de l'Afrique subsaharienne — 590 millions d'habitants en 1995 — est le plus dramatique. Dans cette région, le revenu réel par habitant est à peine plus élevé aujourd'hui qu'il ne l'était au début des années soixante. La crise africaine, qui s'est révélée dans toute son ampleur dans les années quatre-vingt, à l'issue d'une longue période de stagnation économique, sape désormais les fondements mêmes d'un grand nombre d'États de la région. Guerres civiles, famines et pandémies sont les manifestations ultimes d'une crise totale qui fait d'une large partie du continent un angle mort du processus de mondialisation, déserté par les capitaux étrangers et marginalisé dans les échanges internationaux.

L'Asie du Sud, dont le poids démographique est deux fois plus important, n'a guère vu sa position s'améliorer sur la carte économique mondiale depuis le début des années soixante. Les politiques de libéralisation économique mises en œuvre dans la période récente lui valent cependant le soutien accru des organisations internationales et un regain d'intérêt de la part des capitaux privés. Avec une croissance moyenne du revenu réel par habitant de 3 % par an depuis 1980, elle enregistre la meilleure performance économique régionale après celle de l'Extrême-Orient (6,4 %). La marginalisation économique qui se dessinait dans les années soixante-dix semble donc enrayée. La résorption de la pauvreté de masse demeure le défi majeur auquel est confrontée cette région.

Le monde arabe et l'Amérique latine, qui étaient, jusqu'à la fin des années soixante-dix, les deux régions en développement les plus avancées sur le plan économique, ont tous deux enregistré des régressions spectaculaires de leurs revenus réels dans les années quatre-vingt. La chute du prix du pétrole, dans un cas, la crise de la dette, dans l'autre, sont les traumatismes majeurs qui expliquent, en première analyse, la marginalisation de ces deux régions dans les flux commerciaux et financiers internationaux au cours de cette période. La prégnance, encore perceptible au début des années quatre-vingt-dix, des phénomènes d'accoutumance à la rente dans un cas, à l'endettement extérieur dans l'autre, constitue assurément l'obstacle majeur au redressement à long terme de ces deux régions.

L'Europe de l'Est et les pays d'Asie centrale, qui composaient l'ancien bloc soviétique, connaissent eux aussi une évolution fortement régressive de leurs revenus relatifs depuis le début des années quatre-vingt, suivie d'un effondrement après la chute du mur de Berlin. Cette région, qui réalise moins de 4 % des exportations mondiales de biens et services, a une structure d'exportation proche de celle de nombreux PED, où les produits de base et intermédiaires occupent encore une place prépondérante. Le démantèlement du réseau des échanges intra-régionaux au début des années quatre-vingt-dix et le coût social considérable de la conversion à l'économie de marché ont ramené le revenu réel par habitant au niveau de l'Amérique latine et du monde arabe.

Au total, les comparaisons internationales de revenus par habitant [Banque mondiale, 1995] évoquent bien moins l'existence d'un continuum que d'un fossé véritable entre la partie développée et relativement peu nombreuse de la planète et l'immensité humaine du tiers monde. En 1993, une centaine d'États, dont les plus peuplés disposaient d'un revenu réel par habitant inférieur au tiers de celui des États-Unis. A l'autre bout de l'échelle, le niveau de vie d'une quinzaine de PI (et des quatre micro-États mentionnés plus haut) était dans le cas le moins favorable inférieur de 30 % à celui des États-Unis. Entre ces deux pôles, une poignée d'États, dont les pays d'Europe du Sud, Israël, l'Irlande, la Nouvelle-Zélande, la Corée du Sud et Taiwan font seuls la transition entre ce qui demeure le premier monde et un tiers monde qui englobe désormais ce qui fut naguère le deuxième.

Inégalités, sous-emploi et sous-développement

Thème central de l'économie politique au XIXe siècle, l'accroissement massif du paupérisme avait été l'une des conséquences majeures des bouleversements provoqués par la révolution industrielle. Relégué aux marges de la pensée économique dans l'euphorie de la croissance continue d'après-guerre, ce thème n'a pendant plusieurs décennies intéressé que les économistes du développement. L'inquiétante montée du chômage de longue durée en Europe occidentale et le développement d'une pauvreté de masse des deux côtés de l'Atlantique ont ramené ce thème au premier plan de la réflexion économique. Partout dans le monde industrialisé, la crise de l'État-providence rappelle douloureusement cette vérité oubliée que l'exceptionnelle faculté du capitalisme à stimuler l'accumulation de richesses n'a aucun rapport logique avec sa capacité à offrir à chacun un emploi et des conditions de vie décentes. Les acquis sociaux des sociétés industrielles au XXe siècle (protection sociale, salaire minimal, conventions collectives, etc.) n'ont jamais été, de ce point de vue, des avancées spontanées du capitalisme, mais le produit des luttes sociales et de leurs répercussions politiques et idéologiques sur les appareils d'État. Ils sont l'expression d'une réaction de défense des sociétés face à la grande transformation décrite par Karl Polanyi (voir premier tome).

La situation des économies en développement évoque à cet égard certains des développements caractéristiques de la révolution industrielle européenne, à ceci près que ces économies furent projetées d'emblée dans la périphérie d'un système dont la dynamique leur était initialement, et leur demeure souvent, étrangère. La dislocation en chaîne des structures traditionnelles d'insertion sociale qu'entraîne la diffusion des mécanismes concurrentiels rejette dans les marges de ces sociétés et la périphérie des grandes villes les masses humaines que le capitalisme local est incapable d'absorber. Peu d'indicateurs sont sur ce point aussi significatifs que le rythme de croissance de la population urbaine, produit souvent ahurissant d'une croissance démographique encore explosive et des transferts massifs de population qu'entraîne une modernisation aliénée.

Comme le montre le tableau IX, l'augmentation du taux d'urbanisation n'est pas directement liée à la rapidité de l'industrialisation. Elle n'est pas moins rapide, par exemple, en Afrique subsaharienne qu'en Extrême-Orient. Symptôme majeur du mal-développement, la croissance anarchique des villes s'accompagne d'une expansion du sous-emploi, que ne révèlent pas les enquêtes officielles sur le niveau du chômage. On sait que, selon les définitions internationales, ne sont considérées comme chômeurs que les personnes n'ayant pas travaillé ne serait-ce qu'une heure au cours de la semaine précédant l'enquête et recherchant activement un emploi. Ces critères ne sont guère pertinents dans les pays dépourvus de tout système d'indemnisation du chômage et d'agences pour l'emploi. Dans ces pays, le sous-emploi, souvent très visible en milieu urbain, se traduit par l'importance du travail à temps partiel et la faiblesse des taux d'activité.

TABLEAU IX. — CARACTÉRISTIQUES SOCIO-ÉCONOMIQUES DES RÉGIONS EN DÉVELOPPEMENT

Population	*Urbanisation*				*Mortalité infantile ‰*	*Indice de fécondité*		*Pauvreté* [a] *%*
	% de la Population		*Croissance annuelle (%)*					
	1970	*1993*	*1970-1980*	*1980-1993*	*1993*	*1970*	*1993*	*1985*
Pays industrialisés	74	78	1,1	0,8	7	2,3	1,7	–
Europe de l'Est	51	65	2,1	1,7	25	2,7	2,1	8
Extrême-Orient	19	31	3,4	4,2	36	5,7	2,3	20
– dont Chine	17	29	3,0	4,3	30	5,8	2,0	20
Amérique latine	57	71	3,6	2,7	43	5,2	3,1	19
Monde arabe	41	55	4,3	4,1	52	6,7	4,7	31
Asie du Sud	19	26	3,8	3,3	84	5,8	4,0	51
– dont Inde	20	26	3,7	3,0	80	5,5	3,7	55
Afrique subsaharienne	19	30	4,8	4,8	93	6,6	6,2	47

a. Part de la population disposant d'un pouvoir d'achat inférieur à 370 dollars aux prix de 1985.

Source : Banque mondiale [1990 et 1995b].

La prolifération des activités dites informelles [Lautier, 1994], activités de survie généralement artisanales, peu organisées et non déclarées, témoigne de l'ampleur du déséquilibre entre la demande de travail du secteur moderne de l'économie et une offre de travail gonflée par l'exode rural. En Afrique subsaharienne, on estime que l'emploi informel représentait 60 % de la main-d'œuvre urbaine en 1990. En Amérique latine, la part de l'emploi informel dans les activités non agricoles s'élevait à 31 % à la même date. Non déclarées, donc non recensées, les activités informelles peuvent entraîner une sous-estimation du produit et donc des niveaux de vie dans les PED. Elles n'en sont pas moins un symptôme de la persistance du sous-développement de certaines régions, au même titre que la multiplication des emplois précaires dans les pays d'industrialisation ancienne est synonyme d'exclusion sociale.

L'incapacité des États à offrir un cadre propice au développement de l'emploi formel se traduit aussi par la croissance incontrôlée d'activités organisées sur une vaste échelle et situées en marge de la légalité, voire dans la criminalité pure et simple. L'économie de la drogue, qui joue un rôle considérable dans un nombre croissant de PED, participe à sa façon au processus de mondialisation. Largement internationalisée au plan commercial, elle s'articule aussi bien à certains rouages de la finance internationale qu'aux économies d'origine ou de transformation de la matière première qu'elles alimentent, directement et indirectement, en emplois et en devises.

Autre aspect du sous-emploi de masse, le travail des enfants a connu un essor dramatique dans les années quatre-vingt. Selon l'UNICEF [1992], entre 100 et 200 millions d'enfants de moins de quinze ans travaillaient dans le monde au début des années quatre-vingt-dix, contre 50 millions dix ans plus tôt. Dans un contexte de crise économique, la baisse des revenus des adultes pousse les enfants sur le marché du travail. Selon le BIT, 18 % des enfants mexicains et brésiliens ont une activité économique dans la récupération, le commerce ambulant ou les tâches domestiques. Dans certains pays asiatiques comme l'Inde, le Bangladesh ou l'Indonésie, plus de 10 % de la main-d'œuvre est composée d'enfants de moins de quinze ans.

L'impuissance affichée par les États à éradiquer ce type de phénomène masque mal l'absence de réelle volonté politique. D'après la Banque mondiale [1990], la redistribution de ressources qu'il serait nécessaire de réaliser pour faire passer plus d'un milliard de personnes au-dessus d'une ligne de pauvreté absolue estimée à 375 dollars (aux prix et taux de change de 1985) ne représentent qu'entre 1 % et 11 %, selon les cas, de la consommation globale des régions concernées. Qu'il s'agisse de la lutte contre la pauvreté, du travail des enfants ou de l'économie criminelle, la passivité des États n'est que l'envers de la domination d'un capitalisme sauvage et prédateur, non domestiqué par les compromis sociaux caractéristiques de la période keynésienne en Occident.

Si l'on appelle développement cette aptitude des sociétés à accroître leur bien-être matériel global tout en offrant au plus grand nombre les moyens de jouir de ce bien-être, la carte du sous-développement se modifie sensiblement, comme le montre l'indicateur de développement humain présenté par les Nations unies [PNUD], qui combine au niveau de revenu par habitant des mesures du niveau d'éducation et du niveau de santé (appréhendé par l'espérance de vie) des populations. Certains anciens pays communistes (Tchécoslovaquie, Hongrie, pays baltes) et les NPI asiatiques de la première génération se rapprochent alors du monde développé. A l'inverse, sont déclassés dans l'échelle du développement l'ensemble du monde arabe, une large partie de l'Amérique latine, mais aussi les États-Unis, le plus inégalitaire des pays riches. Le Canada, les pays scandinaves, la Suisse et l'ancienne Allemagne fédérale offriraient, selon ces critères, l'image la plus fidèle de sociétés développées.

2. Le caractère hiérarchisé de l'économie mondiale

La persistance d'écarts de revenus majeurs entre les régions d'industrialisation ancienne et la quasi-totalité des PED conduit à s'interroger sur les facteurs structurels de différenciation des espaces économiques concernés. Le thème de la dépendance a longtemps occupé, de ce point de vue, une place centrale dans la littérature consacrée à cette question. Paradoxalement, c'est au moment où la crise de la dette et le mécanisme de la conditionnalité plaçaient un nombre sans précédent de PED dans une situation de dépendance financière totale à l'égard des pays riches que le concept de dépendance, comme celui de tiers monde, a subi les attaques les plus virulentes dans les cercles de pensée les plus divers [Bayart, 1991]. La récupération de la vulgate dépendantiste par des gouvernements corrompus, dénonçant les vices du système économique mondial pour mieux évacuer leurs responsabilités dans la faillite du développement de leurs pays, fut pour beaucoup dans la perte de crédibilité de ces concepts. Simultanément, les approches systémiques opposant un centre industrialisé et une périphérie sous-développée semblaient battues en brèche par le décollage industriel de l'Extrême-Orient. Pour autant, ces concepts demeurent indispensables à l'analyse des problèmes de développement, à condition toutefois d'être purgés de tout déterminisme et de toute connotation idéologique.

Pertinence du clivage Nord-Sud

L'éclatement du tiers monde en régions aux trajectoires nettement différenciées et l'implosion du monde communiste suscitent une remise en cause légitime des représentations cardinales des relations internationales (Est-Ouest, Nord-Sud), héritées de la guerre froide et de la décolonisation [Coussy, 1986]. Après tout, l'homogénéité des évolutions économiques et politiques au sein de chaque aire régionale — Amérique latine, Afrique subsaharienne, monde arabe, monde indien, monde chinois — n'est-elle pas la meilleure illustration de cette permanence des civilisations dont parlait Braudel, de la prégnance de ces « réalités, de longue, d'inépuisable durée, sans fin réadaptées à leur destin, [qui survivent] à toutes les autres réalités collectives » [1969, p. 303] ? Toute autre partition de l'espace mondial, fondée sur tel critère particulier (tel le revenu par habitant) n'est-elle pas intrinsèquement arbitraire, rapprochant sur la base d'une conjoncture historico-économique particulière des nations que tout oppose par ailleurs ?

Sans doute, et nous l'avons déjà souligné (voir chapitre I), ce sont les caractères propres de ces aires régionales qui expliquent en dernière analyse la nature de leur insertion dans l'économie mondiale et leur aptitude à tirer parti du processus de mondialisation en cours [Adda, 1986]. Pour autant, les conditions historiques dans lesquelles s'est opérée l'expansion du capitalisme, depuis l'Europe vers le reste du monde, continuent d'imprimer leur marque à l'économie mondiale et d'entretenir une inégalité fondamentale entre les pôles de diffusion et les pôles d'accueil du capitalisme.

Cette inégalité, qui est constitutive de l'opposition Nord-Sud, concerne les deux ingrédients essentiels de tout processus d'accumulation : le capital et le travail. On se souvient (voir premier tome) que l'approche néoclassique du commerce international expliquait les spécialisations internationales des nations par leurs dotations factorielles, sans placer de signe d'inégalité quelconque entre les différentes combinaisons de facteurs et donc entre les différentes spécialisations, du moment que celles-ci reflètent les dotations du pays considéré. Pourtant, il n'est guère douteux que la faiblesse des ressources en capitaux, qui est une caractéristique courante des économies en développement, est autrement pénalisante qu'une éventuelle pénurie de main-d'œuvre pour des économies développées. Ces dernières peuvent en effet pallier une telle éventualité en encourageant l'usage de méthodes de production plus capitalistiques ou encore le redéploiement de la production vers des secteurs plus capitalistiques, chemin choisi par les NPI d'Asie dans la période récente. Elles peuvent aussi susciter le recours à une main-d'œuvre immigrée originaire de pays moins développés, situation qui fut courante en Europe occidentale dans les années soixante, par exemple.

Quelle que soit la « frontière » Nord-Sud considérée (États-Unis/Mexique, Europe de l'Ouest/Maghreb-Turquie, Japon-Australie/Asie du Sud-Est), l'offre de travail en provenance du Sud est presque infiniment élastique, prête à s'employer dans des conditions dégradées par rapport aux normes en vigueur dans les pays d'accueil, tant les perspectives d'emploi et les rémunérations sont déprimées dans les pays d'origine. La fermeture des frontières et les mesures d'expulsion lorsque la conjoncture se retourne sont des pratiques largement utilisées par les PI afin de réguler l'offre de travail immigré.

Aucun outil de régulation comparable n'est à la disposition des PED en ce qui concerne leurs relations financières avec l'extérieur, si ce n'est la répudiation des dettes qui est synonyme d'exclusion des circuits financiers internationaux. Les besoins de financement extérieurs, qu'ils résultent d'une insuffisance d'épargne locale ou d'une capacité d'exportation insuffisante, placent ces pays dans une dépendance objective vis-à-vis de leurs créanciers. Qu'il s'agisse du volume des capitaux requis, de la nature des financements (aide, crédit, placements, investissements) ou des conditions qui leur sont propres, l'ensemble des paramètres régissant les flux de capitaux Nord-Sud font l'objet d'une détermination exogène aux PED, d'où la vulnérabilité de ces pays aux inflexions de la conjoncture financière internationale.

Nature de la dépendance

Le problème du manque de capitaux caractéristique des économies en développement revêt aussi une dimension qualitative. Il est en effet intimement lié au caractère importé du progrès technique. Apanage quasi exclusif des pays d'industrialisation ancienne, la production du progrès technique, au sens d'innovation dans les produits et les processus de production, ne fait guère l'objet d'une quelconque délocalisation vers les PED. Les alliances stratégiques entre firmes, qui visent parfois à la mise en commun de l'effort de recherche-développement, témoignent bien d'une certaine internationalisation dans ce domaine, mais celle-ci reste cantonnée aux PI.

La diffusion du progrès technique vers les PED s'opère, lorsqu'elle est effective, à travers les investissements directs des FM, les accords de sous-traitance et la cession de licences. Elle débouche, dans le meilleur des cas, sur une appropriation par les acteurs locaux des techniques étrangères, rarement sur la génération locale de nouvelles innovations. L'une des conséquences en est, pour les PED, l'existence d'un lien structurel entre l'investissement productif et la capacité d'importation, elle-même définie par le produit du volume des exportations et des termes de l'échange. Cette contrainte, identifiée clairement dans le modèle des « deux écarts » de Chenery (voir chapitre I), joue tout particulièrement pour les pays qui n'ont pas réussi à diversifier leur base exportatrice et transformer leur spécialisation internationale. Elle souligne l'incomplétude des économies en développement, dont l'une des caractéristiques majeures est la faiblesse du stock de connaissances et de savoir-faire en matière industrielle et l'absence d'un secteur de production des biens d'équipement. L'amorce d'un processus d'endogénéisation du progrès technique apparaît dès lors comme l'un des critères essentiels de la sortie du sous-développement.

La dépendance des économies en développement envers le monde développé revêt ainsi deux dimensions majeures, financière et technologique. Trop souvent assimilée à une perte totale d'autonomie [Caporaso, 1978], cette dépendance est l'expression de contraintes liées au caractère hiérarchisé de l'économie mondiale, qui pèsent de façon objective sur l'évolution d'une économie à court terme, mais ne sont nullement intangibles à long terme. L'analyse de la capacité des sociétés à desserrer ces contraintes sur la longue période dépasse largement le champ de l'économie comme discipline. Elle met en jeu, entre autres, l'histoire propre à chaque société, les contradictions qui la traversent et les valeurs qui la soudent. Mal gérées à court terme, non desserrées à long terme, ces contraintes sont la cause de crises récurrentes des balances des paiements. Celles-ci sont l'occasion d'une ingérence massive des pays créanciers dans la conduite de la politique économique, ingérence qui prend, depuis la signature des accords de Bretton Woods, la forme institutionnalisée du mécanisme de la conditionnalité (voir chapitres IV et V).

L'hétérogénéité constitutive de l'espace périphérique

L'autre facteur de différenciation structurelle de l'espace économique mondial a trait aux conditions de rémunération de la force de travail. En 1994, aux taux de change courant, le coût salarial horaire moyen (y compris cotisations sociales) dans l'industrie manufacturière des PED atteignait dans le meilleur des cas (Singapour) six dollars, soit trois fois moins en moyenne que dans les PI. En Chine, en Inde et en Indonésie, ce coût était de l'ordre de un dollar, à comparer aux vingt-sept dollars dans la partie occidentale de l'Allemagne.

Trois facteurs principaux permettent de rendre compte de ces écarts. Le premier est l'excès d'offre de travail associé à l'explosion démographique. Conjuguée à l'exode rural, celle-ci maintient, dans les interprétations classiques du sous-développement, les salaires réels au niveau minimal couvrant le coût de reproduction de la force de travail. Cette explosion démographique n'est pas dissociable de la déstabilisation du régime démographique traditionnel créé par la mise en contact de sociétés inégalement développées. Elle résulte du décalage entre une baisse accélérée de la mortalité, rendue possible par la diffusion des méthodes médicales occidentales, et la plus grande inertie de la natalité, dont l'évolution est commandée par des déterminants principalement internes (religion et instruction des femmes notamment), quand elle n'est pas imposée par l'État comme en Chine ou à Singapour.

Le deuxième facteur concerne la capacité des organisations de travailleurs à peser sur le partage des revenus. La montée en puissance des organisations syndicales en Europe occidentale à partir de la fin du XIXe siècle est intervenue dans le contexte d'économies largement protégées de la concurrence internationale. La faillite du libéralisme économique dans les années trente a par ailleurs fortement contribué à la généralisation des dispositifs de protection sociale et à l'intervention de l'État dans la formation des salaires après la Seconde Guerre mondiale. En revanche, le partage de la valeur ajoutée entre salaires et profits demeure profondément déséquilibré dans les PED. Les efforts de syndicalisation y sont entravés par l'excès structurel d'offre de travail quand ils ne sont pas réduits à néant par des appareils d'État répressifs. La mobilité des capitaux étrangers investis sur place et la contrainte de compétitivité imposée par le marché mondial pèsent conjointement sur l'évolution des salaires. L'incapacité des États à imposer les classes dominantes et la faiblesse des organisations syndicales découragent tout effort sérieux de redistribution des revenus et de développement de la protection sociale. De façon significative, les rares tentatives d'organisation des couches salariées et d'inflexion du partage des revenus couronnées de quelques succès sont intervenues au cours de phases d'industrialisation rapides et protégées de la concurrence extérieure (années quarante et cinquante en Amérique latine, années quatre-vingt en Corée du Sud).

D'une façon plus générale, on peut soutenir que la répartition du produit social, dans une économie de marché, n'obéit à aucune loi spécifique si ce n'est les rapports de pouvoir entre les forces sociales en présence. Largement codifiés sous la forme de compromis sociaux institutionnalisés dans le cadre des économies capitalistes modernes, ces rapports retrouvent toute leur violence originelle lorsque des modes de production différents sont mis en communication. C'est le cas lorsque la reproduction de la force de travail peut être assurée au moins pour partie en dehors du cadre de l'économie monétaire, situation fréquente dans les PED. Le salaire ne rencontre plus alors aucun plancher objectif : il peut être, pour un niveau général des prix donné, inférieur au coût monétaire de reproduction de la force de travail, celle-ci pouvant trouver ses moyens de subsistance dans une économie domestique soustraite aux exigences du marché [Meillassoux, 1979]. Le caractère incomplet de la pénétration du mode de production capitaliste constitue ainsi un troisième facteur pesant négativement sur la formation des revenus salariaux dans les PED. Déjà évoquée à propos de l'exogénéité du progrès technique et de l'absence d'un secteur de production des biens d'équipement, cette pénétration incomplète du capitalisme serait la caractéristique majeure de l'espace périphérique, qui se différencie en cela de façon essentielle de l'espace homogène des économies d'industrialisation ancienne.

Périphérie et semi-périphérie

Élaborée après la guerre par les économistes de la Commission économique des Nations unies pour l'Amérique latine (CEPAL) —

Raùl Prebish et Hans Singer notamment — la théorie du « système centre-périphérie » mettait justement l'accent sur le dualisme des structures productives pour définir l'espace périphérique. A ce premier critère elle ajoutait l'extrême spécialisation des exportations sur quelques produits bruts, agricoles ou miniers, dont les prix réels sur les marchés mondiaux déterminaient le potentiel de croissance des économies. A l'inverse, le centre se caractérisait par une emprise totale du capitalisme sur l'espace socio-économique, l'extrême diversité des biens produits et exportés et une croissance équilibrée du marché intérieur et des exportations.

A l'évidence, ces critères continuent d'opposer les nations d'industrialisation ancienne à certaines régions en développement comme l'Afrique subsaharienne ou le monde arabe. Ils ne disent rien cependant du processus d'industrialisation qui s'étend à de nombreux PED depuis les années soixante et des raisons de son échec ou de son succès selon les cas. Si le positionnement des régions citées ci-dessus demeure typiquement périphérique, il n'en va pas de même des pays d'Extrême-Orient, du Brésil ou du Mexique que leur essor industriel et leur percée sur les marchés mondiaux de produits manufacturés détachent de la périphérie de l'économie mondiale. De même, le niveau d'éducation, le potentiel scientifique et le stock de capital des économies anciennement centralisées d'Europe de l'Est leur confèrent un statut qui n'est ni périphérique ni central.

Le concept de semi-périphérie, utilisé par Braudel et Wallerstein (voir chapitres I et III du premier tome), vient utilement compléter la grille cépalienne en lui donnant à la fois souplesse et dynamisme. L'expansion du capitalisme à l'échelle mondiale ne se traduit pas seulement, en effet, par l'instauration de rapports de domination entre des économies de développement inégal. Elle est aussi génératrice d'une diffusion des capitaux, des techniques et des méthodes d'organisation qui suscite une contestation permanente des avantages acquis. On a vu (premier tome) comment la dynamique concurrentielle se traduisait au niveau historique par un enchaînement de cycles hégémoniques, dont l'aspect le plus frappant est le déplacement, généralement à l'issue de crises profondes, du centre de gravité de l'économie-monde capitaliste. L'irruption de nouvelles puissances économiques sur la scène mondiale a jusqu'à présent toujours été préparée par des politiques néo-mercantilistes de semi-fermeture des marchés nationaux accompagnées d'une appropriation active des techniques étrangères.

La semi-périphérie est ainsi cet espace où la logique de diffusion internationale du capitalisme, qui s'exprime d'abord par l'exportation des capitaux du centre vers les zones à potentiel de croissance élevé, rencontre une dynamique de développement national, généralement impulsée par l'État. La Corée du Sud, Taiwan, la Chine ne font de ce point de vue que suivre un chemin tracé par de glorieux aînés : États-Unis, Allemagne et Japon étaient tous trois des « nouveaux pays industriels » à la fin du XIXe siècle, dont l'agressivité commerciale et politique n'a pas besoin d'être rappelée.

Le rétrécissement de l'espace périphérique

Pour l'essentiel, l'avenir des nations semi-périphériques résulte du poids respectif de ces deux logiques de diffusion et d'internalisation, ou encore de prise en charge nationale du capitalisme. Plus la dynamique d'internalisation de la croissance est forte, comme dans le cas du Japon hier, des pays de la mer de Chine aujourd'hui, plus la réduction de la dépendance financière et technologique est effective et plus l'accès au groupe très fermé des nations centrales est probable. Plus redoutable aussi le défi qui leur est posé. Inversement, lorsque la croissance reste impulsée principalement de l'extérieur, le risque demeure d'une régression dans un statut périphérique (désertion des capitaux et désindustrialisation), à l'occasion d'une crise d'endettement, par exemple.

Dans le premier cas, la transition vers la maturité économique se traduit notamment par le rééquilibrage de la position financière nette du pays, autrement dit la résorption en valeur absolue du stock net d'endettement, stade atteint par la Corée du Sud à la fin des années quatre-vingt. Dans le second cas, les effets de substitution entre épargne extérieure et épargne intérieure fragilisent en permanence la balance des paiements, donnant au cycle conjoncturel une forme particulièrement heurtée, marquée par des phases d'afflux et de reflux des capitaux étrangers, qui sont aussi des phases de rapatriement et de fuite des capitaux nationaux. L'instabilité politique et l'exclusion sociale sont les corollaires nécessaires de cette extériorité d'un capitalisme toujours prêt à s'abstraire du cadre national, qu'illustre l'évolution de l'Amérique latine tout au long de ce siècle.

A mi-chemin entre l'Extrême-Orient et l'Amérique latine, l'Europe de l'Est constitue un troisième cas de positionnement semi-périphérique dans l'économie mondiale. De la période communiste, elle hérite d'une culture industrielle qui la rend potentiellement attractive pour les capitaux étrangers. La question fondamentale a trait bien évidemment à la capacité des sociétés concernées à assimiler la logique concurrentielle sans se laisser désintégrer par elle. L'Europe centrale et les pays baltes, dont l'industrialisation précède historiquement l'intégration forcée au camp communiste, semblent disposer pour cela d'atouts sérieux. Une éventuelle intégration à l'Union européenne leur conférerait un statut comparable à celui de l'Europe du Sud sur la scène économique mondiale. La Russie et les pays d'Asie centrale sont, en revanche, en proie à une décomposition interne qui laisse mal augurer du succès de la greffe capitaliste. L'effondrement de la production, le creusement spectaculaire des inégalités, le maintien de spécialisations primaires à l'exportation et le recours massif à l'emprunt extérieur ne semblent laisser d'autre alternative qu'une régresssion vers un statut périphérique ou une réaction politique brutale. A l'issue d'un siècle de bouleversements, le problème de la pénétration du capitalisme en Russie se pose toujours avec la même acuité.

Finalement, l'éclatement du tiers monde produit par l'industrialisation accélérée de certains PED se traduit par un rétrécissement de l'espace périphérique à quatre grandes régions : l'Afrique subsaharienne, le monde arabe, l'Asie centrale et l'Asie du Sud, avec une interrogation majeure sur la capacité de l'Inde à intégrer la dynamique de croissance de l'Est et du Sud-Est asiatiques. L'ensemble des traits que l'on s'accorde à reconnaître comme caractéristiques du sous-développement sont présents dans ces régions : l'ampleur de la pauvreté et du sous-emploi, la faiblesse des salaires, le niveau élevé des taux de fécondité et de la mortalité infantile (voir tableaux VIII et IX), à quoi s'ajoutent la fragilité des structures politiques et la diffusion de la violence ethnique ou religieuse. Marginalisée dans les échanges internationaux, généralement désinvestie par les capitaux privés, cette périphérie turbulente, quand elle n'est pas au bord du chaos, n'est plus considérée par le monde développé que pour les dangers — démographique, migratoire, terroriste — qu'elle constitue pour sa stabilité.

SECONDE PARTIE
CONFRONTATION ET COOPÉRATION

Le débat sur la dépendance avait fait rage dans les années cinquante et soixante. L'interdépendance fut le maître mot des années soixante-dix et quatre-vingt. L'une des caractéristiques majeures de l'économie internationale, au cours de la première période, avait été la stabilité des variables de prix : taux de change, termes de l'échange et taux d'intérêt. Les formes structurelles de l'économie mondiale — position hégémonique des États-Unis, dépendance du Sud à l'égard du Nord — étaient logiquement au cœur de la réflexion sur son fonctionnement.

Les ruptures monétaires et énergétiques du début des années soixante-dix ont sonné le glas de cet ordre international. Le flottement des monnaies à partir de 1973 et le bouleversement des termes de l'échange qui ont accompagné les chocs pétroliers ont suscité une conscience nouvelle de l'interdépendance et introduit une incertitude radicale sur les variables de prix les plus stratégiques du point de vue des relations internationales et de la conduite des politiques nationales. Ces bouleversements donnaient une orientation nouvelle aux recherches sur l'économie mondiale, qui délaissaient les représentations théoriques globales pour l'analyse empirique des effets des fluctuations des prix mondiaux sur les économies nationales, l'élaboration de diagnostics plus précis sur la conjoncture internationale et la construction de modèles multinationaux permettant de quantifier certaines des liaisons régissant les relations entre les principales économies industrialisées.

Cette conscience plus aiguë de l'interdépendance demeurait cependant axée principalement sur les variables affectant les conditions des échanges internationaux. L'impact de l'essor des euromarchés sur la conduite des politiques monétaires était loin d'être négligeable, mais il était atténué par le flottement des monnaies, y compris en Europe, où l'expérience du Serpent monétaire ne résista guère à l'épreuve de la récession provoquée par le premier choc pétrolier. L'avancée du processus de globalisation financière était perçue dans les années soixante-dix comme un facteur de desserrement des contraintes pesant sur les politiques économiques, qui pouvaient désormais s'accommoder de déficits plus importants, tant sur le plan budgétaire que sur le plan extérieur (voir chapitre VI du premier tome). La contrainte traditionnelle d'équilibre de la balance des paiements courants se transformait ainsi en une contrainte de soutenabilité de l'endettement intérieur et extérieur.

Le parachèvement de l'intégration financière du Nord et la mobilité croissante du capital productif dans les années quatre-vingt ont souligné les limites de cette approche de l'interdépendance. Le revirement de la politique économique des États-Unis au tournant des années quatre-vingt signala tout d'abord l'émergence d'une forme nouvelle de concurrence entre nations, pour la captation de l'épargne mondiale. En évinçant les PED des marchés financiers mondiaux, le drainage de l'épargne mondiale opéré par l'économie américaine déclenchait la crise de la dette latino-américaine qui allait rapidement s'étendre à d'autres régions.

La montée des taux d'intérêt réels aux États-Unis exerçait en outre une contrainte nouvelle sur les politiques monétaires des autres pays industrialisés, qui ne pouvaient pas ne pas réagir à l'assèchement de leurs marchés financiers. L'ampleur des déficits américains et la difficulté de leur résorption dans la seconde partie des années quatre-vingt portaient l'instabilité sur les marchés des changes et des titres à des niveaux inconnus, soulignant les risques d'une gestion conflictuelle des relations financières internationales. Par ailleurs, l'avancée du processus de mondialisation de la production, stimulée par les progrès spectaculaires des technologies de l'information et des moyens de communication, entraînait elle aussi l'émergence d'une forme nouvelle de concurrence entre nations, pour l'attraction des investissements directs et la localisation des emplois.

Exposées à des contraintes monétaires et financières exacerbées, les politiques économiques se sont progressivement pliées aux exigences de la concurrence internationale, renonçant à tout volontarisme en matière conjoncturelle et à des pans considérables de leur souveraineté en matière fiscale et réglementaire. La contradiction manifeste entre la mondialisation de l'économie privée et le caractère exclusivement national des régulations publiques ne pouvait être résorbée que par un renforcement de la coopération internationale. Les risques de crise financière et d'une récession sévère aux États-Unis, à partir du milieu des années quatre-vingt, devaient encourager cette tendance, sous la forme notamment d'une coordination des politiques macroéconomiques des principaux pays industrialisés. En Europe, la hantise du déclin industriel et les perspectives nouvelles ouvertes par la chute du mur de Berlin provoquèrent une relance du processus d'intégration régionale et l'adoption d'un plan d'union monétaire susceptible de desserrer les contraintes monétaires pesant sur les États. Enfin, la fragilité financière persistante de l'Amérique latine, l'échec des politiques d'ajustement en Afrique et les difficultés de la transition à l'économie de marché en Europe de l'Est suscitèrent un renouveau de la réflexion sur la fonction régulatrice des institutions héritées du système de Bretton Woods — FMI et Banque mondiale — et l'avenir du système monétaire international.

IV / L'apprentissage de l'interdépendance

Constitutive de tout système international, l'interdépendance économique n'avait certes pas disparu durant l'âge d'or de la croissance d'après-guerre. Ses effets étaient toutefois fortement atténués par la stabilité des changes et des termes de l'échange (si l'on excepte la flambée exceptionnelle des matières premières provoquée par la guerre de Corée), ainsi que par la réglementation sévère des mouvements de capitaux.

Enjeu politique majeur, la question du statut international du dollar n'affectait guère le rythme de la croissance mondiale. Les Européens pouvaient bien reprocher aux Américains d'exporter leur inflation, ils n'ignoraient pas que l'afflux de capitaux incriminé dynamisait leurs propres économies. Il est du reste remarquable que l'effondrement du système de Bretton Woods entre août 1971 et février 1973 soit intervenu dans un contexte d'accélération de la croissance mondiale. Bref, si interdépendance il y avait, celle-ci n'apparaissait pratiquement que sous ses aspects bénéfiques.

Ce n'est qu'avec le premier choc pétrolier que surgit la conscience d'une interdépendance problématique, susceptible de peser sur l'autonomie des États en réduisant l'éventail des choix de politique économique qui s'offrent à eux. Deux autres chocs majeurs viendront aiguiser cette conscience dans les années quatre-vingt : la crise de la dette des économies en développement et le retournement de la position financière des États-Unis envers le reste du monde.

1. Les chocs pétroliers et la conversion des politiques économiques

Le quadruplement du prix du pétrole entre octobre 1973 et janvier 1974 fut sans doute le premier choc global subi par les économies industrialisées après la fin de la Seconde Guerre mondiale. Pour la première fois, la trajectoire de l'économie mondiale était perturbée par une série de décisions prises en dehors des grands centres de pouvoir économique du monde développé. Pour la première fois, tous les pays industrialisés étaient affectés de façon simultanée et quasi identique par un choc de type exogène, révélant une vulnérabilité à l'égard d'un « environnement extérieur » qui n'était guère considéré comme tel jusqu'alors.

Sans doute un relèvement substantiel des prix du pétrole était-il hautement prévisible depuis le début des années soixante-dix, compte tenu de la saturation progressive des capacités de production mondiales [Chasseriaux, 1982 ; Criqui et Kouznetzoff, 1987]. Sans doute aussi, ce relèvement était-il jugé par beaucoup conforme aux intérêts stratégiques des États-Unis, dont la production était pénalisée par le niveau déprimé des prix. Pour autant, ni l'ampleur de la hausse ni les conditions dans lesquelles elle est intervenue ne se déduisent des tensions accumulées sur le marché mondial. Elles résultent avant tout de l'inflexion des rapports de force entre l'OPEP et le cartel des « sept sœurs », qui exerçait jusque-là un contrôle absolu sur l'offre, et de la décision des pays arabes d'utiliser l'arme du pétrole contre Israël.

L'irruption de la stagflation

Le premier choc pétrolier, comme celui qui l'a suivi en 1979-1980, ne constituait pas seulement un défi à la toute-puissance économique des nations développées, qui s'emploieront — avec plus (CEE-Japon) ou moins (États-Unis) de détermination — à le relever par des programmes d'économie d'énergie et le développement d'énergies alternatives. Il posait en outre un redoutable problème à la politique économique, qui se trouvait soudainement confrontée à la montée simultanée de l'inflation et du chômage. La stagflation faisait en effet éclater le cadre traditionnel de la politique conjoncturelle, qui reposait largement sur l'arbitrage entre inflation et chômage stipulé par la courbe de Phillips. L'avènement de la crise fut ainsi contemporain d'une remise en cause systématique des fondements théoriques de la politique économique, jusque-là largement inspirés du keynésianisme. L'irruption de la stagflation fut l'occasion d'un retour en force, sous le vêtement du monétarisme, de la pensée néoclassique, dont les effets se feront nettement sentir dans les années quatre-vingt.

La relation inverse entre le taux de croissance des salaires nominaux et le taux de chômage, mise en évidence par A.W. Phillips en 1958, avait été interprétée par les keynésiens comme le principe explicatif de l'inflation. Dans les phases d'accélération de l'activité, les tensions sur le marché du travail se traduisent par une progression plus rapide des salaires nominaux, qui est répercutée dans les prix par les entreprises. Plus généralement, l'augmentation de la demande globale tend à saturer les capacités de production des entreprises, qui réagissent en élevant leurs prix. Inversement, la hausse du chômage dans les phases de récession fait pression sur les salaires nominaux, dont la progression ralentit, autorisant une décrue de l'inflation. Parallèlement, la détente des capacités de production encourage les entreprises à réduire leurs prix. L'existence de cette relation, vérifiée dans de nombreux pays dans les années soixante, suggérait la possibilité pour les gouvernements de combattre le chômage au prix d'un peu plus d'inflation, et réciproquement. Il suffisait pour cela d'agir sur le niveau de la demande globale au moyen des instruments budgétaires et monétaires.

Les chocs pétroliers ont détruit cette belle assurance. La ponction opérée sur le revenu national des pays importateurs, plus ou moins forte selon le degré de dépendance énergétique (de 1 % du PIB dans le cas des États-Unis à plus de 3 % au Japon), exerçait assurément un effet dépressif sur les économies. Entre la mi-1973 et la mi-1975, le taux de chômage doublait pratiquement aux États-Unis (de 5 % à 9 %) et dans la CEE (de 2,5 % à 5 %). En toute logique, l'augmentation du prix de l'énergie aurait dû amputer le pouvoir d'achat des salaires, en proportion du prélèvement opéré sur le revenu national. Il n'en fut rien. Les mécanismes d'indexation des salaires, en vigueur dans la plupart des pays industrialisés, bloquèrent l'ajustement à la baisse des salaires réels, de sorte que le renchérissement de l'énergie fut supporté principalement par les entreprises, qui réagirent en réduisant l'emploi. Compte tenu du poids des produits énergétiques dans l'indice des prix, l'impact mécanique du choc pétrolier sur l'inflation n'aurait pas dû dépasser 2 % à 2,5 %. En pratique, la spirale prix-salaire enclenchée par les mécanismes d'indexation provoqua dans les PI (à l'exception notable de la RFA) une accélération de l'inflation de 8 % en moyenne à la mi-1973 à 15 % deux ans plus tard.

L'indexation des salaires n'eut pas seulement pour effet de déformer le partage de la valeur ajoutée au détriment des profits. Elle entretint parallèlement une inertie inflationniste que certains pays (en Europe notamment) auront les plus grandes difficultés à briser. Dans l'immédiat, cependant, l'inquiétude principale portait sur l'emploi. Dans la plupart des PI, l'instrument budgétaire fut utilisé en vue de soutenir l'activité. S'il permit de limiter l'ampleur de la récession, le soutien de la demande n'était cependant pas de nature à résorber un chômage dû fondamentalement à une dégradation de la rentabilité de l'offre. Il pesait en revanche sur des équilibres extérieurs déjà fragilisés par l'augmentation de la facture pétrolière et l'intensification de la concurrence internationale qui en résultait, chaque pays tentant de régler ladite facture en accroissant ses parts de marché au détriment des autres. Il n'incitait guère en outre à la modération des prix. Inversement, les politiques restrictives mises en œuvre à partir de 1976 n'eurent guère de prise sur une inflation dont l'origine ne pouvait être attribuée à un excès de demande.

La conversion des politiques économiques

L'impuissance des politiques keynésiennes à endiguer le chômage, puis l'inflation (*a fortiori* les deux en même temps), suscitèrent une révision complète des fondements théoriques de la politique économique, dont le retour en force, après cinquante ans d'éclipse, de l'orthodoxie néoclassique fut l'expression la plus nette. Au réglage conjoncturel, fondé sur l'arbitrage inflation-chômage, le monétarisme pragmatique désormais aux commandes des principales banques centrales opposa le réglage de la quantité de monnaie, dont la croissance régulière, parallèle à celle de l'offre potentielle, était seule en mesure de briser les anticipations inflationnistes et de rétablir la stabilité des prix. Le second choc pétrolier, en portant l'inflation au taux de 13 % dans la zone OCDE, encouragea cette évolution. Dans l'ensemble des pays industrialisés, le resserrement monétaire et la montée corrélative du chômage furent l'occasion d'une offensive en règle contre les salaires et les organisations syndicales et d'un démantèlement général des mécanismes d'indexation.

La critique monétariste des politiques keynésiennes ne s'en tint pas aux conditions d'exercice de la politique monétaire. L'échec des politiques de relance budgétaire et la crise de l'État-providence encouragèrent une remise en cause systématique de l'intervention de l'État dans l'économie. A l'effet multiplicateur de la dépense publique mis en évidence par Keynes, les nouveaux classiques opposèrent l'effet d'éviction de la demande privée, selon lequel tout accroissement du déficit budgétaire provoque, lorsqu'il est financé par l'emprunt, une réduction correspondante de la demande privée en raison de l'augmentation du taux d'intérêt qui en résulte sur le marché des fonds prêtables.

Si le solde des finances publiques est dépourvu de toute influence conjoncturelle, le niveau des prélèvements obligatoires affecterait en revanche le potentiel de croissance de l'économie. Soucieux de contrôler l'accroissement de la dette publique, les PI avaient tenté de compenser, dans la seconde partie des années soixante-dix, la montée des dépenses publiques par un relèvement de la fiscalité. La courbe de Laffer pointa les limites de cette politique en soulignant l'effet négatif d'une imposition excessive sur l'épargne et l'initiative privée, donc sur la croissance et les rentrées fiscales. Parti des États-Unis, le mouvement de baisse des prélèvements obligatoires allait s'étendre à l'ensemble des pays industrialisés dans les années quatre-vingt.

Dans le même esprit, les difficultés spécifiques des économies européennes à surmonter la crise et à résorber le chômage furent mises sur le compte des rigidités structurelles héritées de la période keynésienne : excès de réglementation du marché du travail, cloisonnement des marchés financiers, contrôle des prix, emprise des secteurs publics sur l'économie. Aux interdépendances nouvelles créées par la mondialisation de l'économie et la montée en puissance de nouveaux acteurs, devait répondre une flexibilité accrue des économies nationales, autrement dit une libération des forces du marché et de l'initiative privée. Déréglementation, privatisation et réduction de la pression fiscale devenaient ainsi les maîtres mots de politiques économiques converties au libéralisme.

On aurait tort cependant de ne voir dans cette conversion que le résultat d'un raffinement de la théorie produit par une saine émulation entre écoles de pensée concurrentes. Elle est avant tout le produit de l'interaction dynamique entre les mutations de l'économie mondiale et l'évolution des rapports de force entre les différents secteurs de chaque économie nationale. Ainsi, par exemple, la réduction de la fiscalité des entreprises et du capital s'imposa partout du fait de l'accentuation de la concurrence internationale. Les privatisations furent plus souvent un moyen de réduire les besoins de financement des États (que les baisses d'impôts accentuaient) ou la charge de la dette publique qu'un moyen de restituer des marges de manœuvre à des entreprises publiques qui en étaient rarement dépourvues. Quant à la conversion des banques centrales au monétarisme, elle était moins dictée par des considérations théoriques (qui ne résisteront guère aux mutations de la sphère financière dans les années quatre-vingt) que par la nécessité de discipliner les évolutions salariales dans un contexte de concurrence internationale exacerbée.

2. Le syndrome mexicain ou les périls de la finance internationale

En transférant la moitié environ des excédents de l'OPEP vers des pays de type semi-périphérique, le recyclage des pétrodollars avait permis d'amortir l'effet récessif des chocs pétroliers sur l'économie mondiale (voir premier tome). Tout au long des années soixante-dix, la demande d'importation des PED constitua ainsi le segment le plus dynamique de la demande mondiale, offrant aux PI des débouchés précieux en temps de crise. Jusqu'à la fin de la décennie, on loua de toutes parts le dynamisme du système de crédit international, qui avait permis de transférer l'épargne excédentaire des pays du golfe Persique vers les autres régions en développement. L'inquiétude de certains experts quant à l'accumulation correspondante de dettes et surtout à l'usage qui en était fait n'était pas de nature à enrayer un mécanisme aussi lucratif. Il fallut attendre que les effets conjugués du second choc pétrolier, de la hausse des taux d'intérêt internationaux, de la récession mondiale et de la baisse des cours des matières premières achèvent de déstabiliser les balances des paiements des pays les plus endettés pour que les banques prennent conscience de la gravité de la situation.

Le sauvetage des banques

Lorsque, en août 1982, le Mexique déclara officiellement qu'il n'était plus en mesure de faire face à ses engagements, les créances bancaires à plus d'un an sur les seuls pays d'Amérique latine atteignaient 200 milliards de dollars. A titre de comparaison, la totalité des fonds propres des cent premières banques mondiales s'élevait à la même date à 150 milliards, tandis que le niveau des provisions constituées par les banques américaines, de loin les plus exposées, ne dépassait pas 5 % de leurs créances douteuses. Prises de panique, les banques réagirent à la crise mexicaine en stoppant net leurs financements vers l'ensemble de l'Amérique latine, propageant du même coup la crise à l'ensemble de la région.

Confrontées à la défaillance en chaîne des pays débiteurs et au risque de déstabilisation du système financier international, les PI mirent en place une stratégie dont l'axe essentiel consistait à gagner du temps. L'objectif premier était de parer à tout risque de défaut par un report dans le temps des échéances immédiates de remboursement du principal (technique dite du rééchelonnement) et un refinancement partiel des intérêts de la dette. Ces facilités de paiement procurées aux pays débiteurs étaient conditionnées par la mise en œuvre de politiques d'ajustement, consistant pour l'essentiel à ramener la demande intérieure à un niveau compatible avec l'équilibre de la balance courante. Cette stratégie, appliquée scrupuleusement par le FMI, avait certes pour défaut de briser la croissance des pays débiteurs. Les années quatre-vingt furent ainsi une décennie perdue pour le développement de nombreux pays d'Amérique latine et d'Afrique. En forçant les pays débiteurs à autofinancer la majeure partie du paiement des intérêts de la dette, la stratégie officielle donnait toutefois aux banques le temps de réduire leur exposition au risque de non-paiement et d'assainir leurs bilans [Adda, 1990].

Cet assainissement passait par un plafonnement de l'encours des créances des banques, un renforcement de leurs fonds propres et la constitution de provisions pour pertes. Tout cela supposait qu'elles continuent de percevoir les intérêts des créances sur les pays en difficulté. Dans le cas contraire, elles auraient été tenues de déclarer ces créances « non performantes », ce qui aurait inévitablement provoqué une chute de la valeur boursière des actions des banques concernées et une dégradation de leur cotation internationale, les obligeant à payer plus cher leurs emprunts sur les marchés financiers mondiaux [Norel, 1990]. La technique du rééchelonnement a ainsi permis d'entretenir pendant plusieurs années la fiction de la préservation de la valeur des créances accumulées sur les PED, alors même que ceux-ci avaient cessé de fait de rembourser le principal de la dette.

Les mirages du plan Baker

Au milieu de la décennie, les limites du supportable semblaient atteintes en ce qui concerne les effets des politiques d'ajustement récessif imposées aux pays débiteurs. Politiquement, ces politiques risquaient de provoquer une radicalisation des gouvernements en place pouvant déboucher sur un moratoire pur et simple. Sur le plan économique, la contraction des marchés intérieurs des gros débiteurs latino-américains pénalisait les exportations américaines, contribuant à l'aggravation du déficit commercial des États-Unis.

Fin 1985, le secrétaire d'État américain au Trésor, James Baker, proposait une nouvelle stratégie de sortie de crise par le haut. A la régulation conjoncturelle de la demande des pays débiteurs devait désormais se conjuguer une politique structurelle de promotion de l'offre. L'idée que le remboursement de la dette passe par la croissance économique des pays débiteurs, non par la récession, s'imposait. Le retour de la croissance exigeait toutefois que les transferts nets de ressources vers les pays créanciers soient réduits, donc que les apports financiers des banques reprennent. Celles-ci furent donc invitées à débloquer en trois ans 20 milliards de crédits nets au profit de quinze pays prioritaires (parmi lesquels figurent dix pays latino-américains). Parallèlement, les rôles respectifs du FMI et de la Banque mondiale dans l'exercice de la conditionnalité furent rééquilibrés. Si le Fonds conservait la responsabilité de la supervision macroéconomique, la Banque se voyait confier la tâche d'encourager les réformes de structure visant à améliorer l'allocation des ressources, élever la productivité globale des économies et renforcer leur insertion dans l'économie mondiale.

Le plan Baker présentait toutefois un défaut majeur. La reprise des financements, clé de voûte de la nouvelle stratégie, s'opposait à la politique de désengagement des banques commerciales. Réticentes à accroître leur encours de créances sur les quinze pays sélectionnés, celles-ci se contentèrent de participer, fin 1986, à un nouveau montage en faveur du Mexique, qui subissait de plein fouet l'effondrement du prix du pétrole. Parallèlement, elles commencèrent à céder au rabais une partie des créances déjà provisionnées sur le marché secondaire des créances bancaires, généralement à des FM intéressées à investir dans les pays débiteurs.

En 1987, le moratoire déclaré par le Brésil sur les intérêts de sa dette bancaire suscitait une accélération de l'effort de provisionnement des grandes banques anglo-saxonnes. L'accroissement de l'offre potentielle de titres sur le marché secondaire, en plein essor depuis 1985, provoquait la chute des prix des titres, qu'il devenait extrêmement lucratif d'acquérir en vue de les échanger ensuite à leur valeur faciale, en monnaie locale, dans les pays débiteurs. Cette dynamique nouvelle de conversion de dette par les mécanismes de marché eut pour effet de réintroduire la problématique de la dévalorisation des dettes jusque-là exclue de la stratégie officielle de gestion de la crise. Dès lors, en effet, que le marché s'accordait à reconnaître aux créances bancaires un prix nettement inférieur à leur valeur faciale — les décotes observées pouvant atteindre jusqu'à 90 % de la valeur des créances —, les pays débiteurs étaient fondés à revendiquer la dévalorisation de leurs dettes. A défaut d'un accord formel sur ce point, ils pouvaient menacer de racheter celles-ci sur le marché secondaire (pratique interdite par les contrats de prêts), se désendettant ainsi à bon marché.

Les promesses du plan Brady

En 1988, le contraste grandissant entre le désengagement accéléré des banques et la situation toujours critique de nombreux pays débiteurs devint politiquement explosif. La victoire électorale du parti péroniste en Argentine, les succès du Parti des travailleurs au Brésil et la montée de l'opposition au Mexique soulignèrent les risques d'une déstabilisation politique de l'ensemble de l'Amérique latine. En mars 1989, quelques jours après que de nouvelles émeutes eurent été réprimées dans le sang à Caracas, le secrétaire d'État américain au Trésor, Nicholas Brady, énonçait les grandes lignes d'une nouvelle stratégie de la dette, visant à faire bénéficier les pays débiteurs d'une partie de la décote observée sur le marché secondaire des créances bancaires.

En substance, les banques se voient offrir la possibilité d'échanger leurs anciennes créances contre des obligations à trente ans assorties soit d'un taux d'intérêt (fixe) inférieur au taux du marché, soit d'une décote. Elles peuvent aussi choisir d'accorder de nouveaux crédits au pays débiteur ou bien l'autoriser à racheter directement sa dette à un prix convenu. Dans tous les cas, la réduction de taux, le niveau de la décote ou le montant des nouveaux concours sont déterminés d'un commun accord avec le pays débiteur, sans référence directe au prix des créances enregistré sur le marché secondaire et de façon à égaliser l'effort financier impliqué par chacune des options offertes. Pour inciter les banques à jouer le jeu, les obligations qu'elles reçoivent en échange des anciennes créances sont garanties tant en ce qui concerne le remboursement du principal (technique de la collatéralisation) que le paiement des intérêts, grâce notamment à la mobilisation de ressources du FMI et de la Banque mondiale ainsi que d'une partie des réserves des pays débiteurs.

Une fois de plus, le Mexique fut le premier bénéficiaire de ces nouvelles mesures, suivi de 1990 à 1994 par les Philippines, le Costa Rica, le Vénézuela, l'Uruguay, le Nigéria, l'Argentine, la Jordanie, le Brésil, la Bulgarie, la République Dominicaine et la Pologne. Au total, sur un encours de créances bancaires de 193 milliards de dollars, ces pays ont bénéficié d'une réduction de la valeur faciale de leur dette de 35 milliards, à quoi s'ajoute un gain cumulé estimé sur la baisse du taux d'intérêt de 22 milliards en valeur actualisée [Banque mondiale, 1995a].

En dépit d'un impact direct relativement limité sur le service de la dette des pays bénéficiaires, ces accords ont généralement permis, dans un premier temps, de rétablir la confiance dans la situation économique des pays débiteurs, encourageant les investissements de portefeuille et le rapatriement de capitaux exilés et contribuant par là même au succès des programmes de stabilisation monétaire. Du point de vue des banques, ils entérinent une stratégie de désengagement qui, dans le cas des neuf plus grandes banques américaines, a ramené le ratio de leurs créances sur les quinze pays les plus endettés de 194 % de leur fonds propre en 1982 à 21 % dix ans plus tard. Mais si les banques semblent sorties d'affaire en ce qui concerne cette partie de leurs bilans, la rechute financière du Mexique fin 1994 témoigne de la fragilité persistante d'une région dont le service de la dette continue d'absorber 40 % des recettes d'exportation de biens et services.

La dette négligée des pays pauvres

En proposant des montages financiers toujours plus ingénieux pour traiter le problème de la dette accumulée à l'égard des banques commerciales, la communauté financière internationale — banques, Trésors publics, institutions financières multilatérales — témoignait de la conscience aiguë qu'elle avait d'un problème qui menaçait la stabilité de l'ordre financier mondial. Cet empressement relatif contraste avec l'inertie manifestée par la même communauté envers la dette, nettement moins volumineuse mais tout aussi asphyxiante, des pays à faibles revenus, situés pour la plupart en Afrique subsaharienne. A la différence de la dette de l'Amérique latine, la dette des pays pauvres est contractée pour l'essentiel auprès des États des pays riches et des institutions multilatérales. Elle ne constitue donc pas une menace pour le système financier international. La dette à l'égard des États peut être renégociée dans le cadre du Club de Paris, forum regroupant, au cas par cas, les États créanciers ou garants de créances commerciales. Le FMI et la Banque mondiale ont attendu 1996 pour accepter le principe d'une renégociation des sommes qui leur étaient dues.

Fin 1994, la dette d'une quarantaine de pays à faibles revenus (moins de 700 dollars par habitant et par an), fortement endettés selon les critères de la Banque mondiale, dépassait 200 milliards de dollars, soit cinq fois le montant de leurs exportations de biens et services (contre deux fois et demie pour l'Amérique latine). Un quart était dû aux institutions financières multilatérales et 61 % à d'autres États. En dépit de multiples accords de rééchelonnement et de nombreuses annulations de dettes bilatérales, le service programmé de la dette de ces pays représentait 45 % de leurs exportations de biens et services en 1993, à comparer à 12 % en 1981. Dans la pratique, le taux de service de la dette effectivement assuré et compatible avec le niveau incompressible des importations ne dépasse pas 18 %, le solde correspondant à une accumulation d'arriérés sur la dette.

A partir de 1988, le soutien financier apporté par les créanciers a pris essentiellement trois formes : l'amélioration des termes des rééchelonnements (décisions du G7 de Toronto en 1988 et de Naples en 1994), l'annulation de créances d'aide publique au développement et le soutien à des opérations de rachat des créances bancaires. L'impact limité de ce soutien s'explique par trois facteurs. Tout d'abord, la réduction du service de la dette autorisée par les accords de rééchelonnement porte non pas sur la totalité de l'encours dû mais sur les seules échéances tombant dans une période généralement comprise entre douze et vingt-quatre mois. Ensuite, les mesures d'annulation de dette publique prises par les États créanciers ne portent que sur les créances concessionnelles et affectent donc peu le service de la dette. Enfin, plus de la moitié du service assuré de la dette correspond aux versements faits au FMI et à la Banque mondiale, qui ont longtemps refusé toute renégociation de leurs créances. S'il marque un progrès, l'accord de principe donné par ces organisations en 1996 est assorti de critères d'éligibilité tellement sévères qu'il risque de ne toucher dans la pratique qu'un petit nombre de pays. A défaut d'une interdépendance véritable, les pays riches semblent préférer un pourrissement de la situation à une action présentant un coût budgétaire significatif.

3. Les déséquilibres commerciaux et financiers Nord-Nord

La crise de la dette avait souligné la fragilité de l'économie d'endettement internationale issue du recyclage des pétrodollars. *A priori*, le retour de la finance directe dans les années quatre-vingt (voir premier tome) et la substitution des États-Unis aux pays d'Amérique latine comme premier pôle débiteur sur les marchés financiers mondiaux pouvaient sembler rassurants. L'ampleur de la ponction opérée par l'économie américaine sur l'épargne mondiale à partir de 1982 est cependant à l'origine d'une instabilité monétaire et financière sans précédent qui fragilise le système financier international et pèse sur la croissance mondiale.

La formation du déficit américain

Souvent réduite à une simple innovation théorique, la politique de l'offre mise en place par l'administration Reagan était avant tout une réaction face au déclin de la puissance américaine. A la fin des années soixante-dix, celui-ci est nettement perceptible aussi bien sur le plan économique (faiblesse des gains de productivité dans l'industrie manufacturière, érosion continue des parts de marché à l'exportation malgré la faiblesse persistante du dollar) que sur le plan stratégique (faillite de la politique iranienne de l'administration Carter, révolution sandiniste au Nicaragua, invasion soviétique de l'Afghanistan).

Face à cet ensemble de défis, la réponse de l'administration républicaine tient en trois points : la relance de la course aux armements, le relèvement de la rentabilité du capital et l'inversion des flux financiers entre les États-Unis et le reste du monde. La baisse des impôts sur les revenus du capital et les hauts revenus, la déréglementation des secteurs clés des communications et des transports et le programme de « guerre des étoiles » sont les aspects les plus connus de cette politique. Il convient d'y ajouter la déréglementation financière qui permit de rétablir l'attractivité de New York face à Londres comme foyer de la finance internationale.

Conjuguée au niveau élevé des taux d'intérêt réels à court terme, cette nouvelle politique eut pour effet de drainer l'épargne mondiale vers les États-Unis. Attirés par la flambée des cours boursiers et les rendements élevés offerts sur les emprunts fédéraux, les capitaux européens, japonais et latino-américains (ces derniers fuyant des monnaies locales en cours de dépréciation accélérée) se sont précipités sur les placements en dollars, provoquant un redressement spectaculaire de la devise américaine. Tombé à 1,72 mark en janvier 1980, le dollar culminera à 3,30 marks en mars 1985. Si l'appréciation est moins forte face au yen (+ 25 % « seulement » en cinq ans), elle atteint tout de même 50 % en termes réels par rapport à un panier comprenant les monnaies des principaux partenaires commerciaux des États-Unis. Une telle appréciation avait certes pour effet de dégrader la compétitivité-prix des entreprises américaines, contribuant à creuser le déficit commercial. Elle permettait néanmoins de réduire massivement le prix des importations, ce qui facilitait la désinflation et donnait aux entreprises l'opportunité d'acquérir à bon prix les équipements importés d'Europe et du Japon.

La dégradation rapide du solde des échanges courants (voir tableau X), imputable pour l'essentiel à celle des échanges de produits manufacturés, était par ailleurs accentuée par la croissance rapide du marché américain. Après que le resserrement monétaire violent de la fin 1979 eût provoqué la plus grave récession d'après-guerre, la détente progressive des conditions monétaires et l'incidence fortement expansive du déficit budgétaire allaient permettre une reprise spectaculaire de l'activité en 1983 et 1984, qui contrastait avec la langueur de la croissance en Europe. Ainsi, de 1983 à 1985, l'écart entre les taux de croissance de la demande intérieure aux États-Unis et de celle des autres grands pays industrialisés atteignait près de 2 points par an en moyenne. Dans le cas de la RFA, un écart négatif de 2 points par an était enregistré. Paradoxalement, le différentiel de demande entre le Japon et ses partenaires du G7 était nul au cours de cette période, ce qui alimentait les soupçons qu'une partie substantielle de son excédent courant devait être attribuée à la fermeture de son marché intérieur [OFCE, 1988 et 1989].

Les conséquences pour le reste du monde

Selon la conception traditionnelle de l'interdépendance, centrée sur les interactions liées aux échanges commerciaux, le creusement du déficit extérieur des États-Unis dans la première partie des années quatre-vingt était plutôt une bonne nouvelle pour le reste du monde. Compte tenu de leur poids dans la demande mondiale, les États-Unis devenaient la locomotive de l'économie mondiale, qui pouvait sortir de la récession dans laquelle l'avaient plongée le second choc pétrolier et la réaction brutale de la Federal Reserve Board (Fed) qui l'avait suivi. A cela s'ajoutait l'effet positif de l'appréciation du dollar sur la compétitivité des autres économies, qui pouvaient ainsi profiter pleinement de la reprise américaine. Pour les économies surendettées du tiers monde, l'accès au marché américain, le plus vaste, le plus dynamique et le plus ouvert du monde, devenait la condition d'une éventuelle sortie de crise par le haut, autrement dit par une reprise des exportations. Ces enchaînements ont joué, au moins pour partie, mais ils ne doivent pas

TABLEAU X. — SOLDES DES BALANCES COURANTES DES GRANDES RÉGIONS
(En milliards de dollars)

	1978	*1980*	*1982*	*1984*	*1986*	*1988*	*1990*	*1992*	*1994*
Pays industrialisés	12	– 68	– 32	– 61	– 38	– 62	– 120	– 43	– 17
– États-Unis	– 15	2	– 13	– 100	– 151	– 128	– 92	– 68	– 151
– Japon	17	– 11	7	35	86	80	36	118	129
– Allemagne [a]	9	– 14	5	10	40	51	47	– 22	– 21
– Autres CEE	11	– 29	– 23	– 1	8	– 63	– 70	– 53	48
– Autres pays	– 10	– 16	– 8	– 5	– 21	– 2	– 41	– 18	– 22
Reste du monde	– 25	42	– 69	– 18	– 36	– 13	– 26	– 79	– 74
– OPEP	0	102	– 11	– 10	– 33	– 23	10	– 32	– 14
– 4 NPI d'Asie	0	– 8	– 2	8	25	31	18	16	21
– Autres Asie	– 6	– 11	– 11	– 14	– 15	– 17	– 10	– 13	– 17
– Autres Amérique latine	– 13	– 34	– 36	– 6	– 15	– 3	– 13	– 34	– 49
– Autres Afrique	– 6	– 8	– 18	– 10	– 6	– 7	– 8	– 8	– 9
– Europe de l'Est	– 1	0	9	14	8	8	– 23	– 6	– 6
Ajustement [b]	– 13	– 26	– 101	– 79	– 74	– 75	– 146	– 122	– 91

a. Allemagne réunifiée depuis 1992.

b. Le total mondial diffère de zéro, en raison d'erreurs, d'omissions et d'asymétries dans l'établissement des balances des paiements nationales.

Source : OCDE, *Perspectives économiques*, et FMI, *World Economic Outlook*.

masquer les effets déstabilisants de la ponction opérée par l'économie américaine sur les marchés financiers mondiaux.

En l'espace de six ans, de 1981 à 1987, le solde des échanges courants des États-Unis s'est dégradé de 170 milliards de dollars, passant d'une position d'équilibre à un déficit approchant 4 % du PIB américain. Cumulé, le besoin de financement extérieur des États-Unis s'est élevé au cours de cette période à 600 milliards de dollars, soit un chiffre équivalent à la totalité de la dette extérieure de l'Amérique latine et de l'Afrique en 1987. Une telle mobilisation de l'épargne internationale passait nécessairement par une contraction de la demande nette de capitaux des autres régions. Celle-ci pouvait s'opérer spontanément, du fait de politiques budgétaires volontairement restrictives. Ainsi, le déficit des administrations publiques a t-il été réduit dans une proportion proche de 3 % du PIB en RFA et au Japon, de 1981 à 1985, contribuant à la formation des excédents courants de ces pays. Elle dut s'opérer sous la contrainte dans les pays surendettés désormais exclus des marchés internationaux de capitaux, qui n'eurent d'autre alternative que résorber en un temps record leur déficits courants.

Ce dernier point permet de préciser la nature de l'opposition entre l'économie d'endettement dite « Sud-Sud » (car fondée sur le recyclage d'excédents de l'OPEP vers d'autres PED) apparue dans les années soixante-dix et l'économie d'endettement « Nord-Nord » qui lui a succédé dans les années quatre-vingt. Cette opposition ne se limite pas à la distinction habituelle entre intermédiation bancaire et finance directe. Elle touche à la nature de l'ajustement requis entre épargne et investissement au niveau mondial. D'un point de vue financier, l'accumulation d'excédents par certains pays de l'OPEP était synonyme, dans la mesure où ces excédents étaient placés sur les marchés financiers internationaux, d'accroissement de l'offre mondiale de fonds prêtables. Tant que la politique monétaire restait accommodante aux États-Unis, cet accroissement était compatible avec une détente des taux d'intérêt internationaux qui, on l'a vu (chapitre VI du premier tome), tombèrent alors à leur plus bas niveau historique. L'accroissement de la demande de capitaux de la part des autres régions fut pour partie une réponse à cette extrême liquidité des marchés mondiaux.

Inversement, la montée des déficits américains dans les années quatre-vingt s'apparente à une ponction sur l'épargne mondiale, sans qu'une offre correspondante soit nécessairement disponible ailleurs. C'est ce caractère partiellement forcé de l'ajustement financier mondial qui explique la hausse des taux d'intérêt réels au cours de la seconde période. Celle-ci n'est qu'atténuée par la rigueur budgétaire des autres pays industrialisés et par la résorption, contrainte ou spontanée, des déficits courants des PED.

Par ailleurs, la montée du dollar n'affectait pas seulement la compétitivité relative des économies. Elle accentuait, hors des États-Unis, la dégradation des termes de l'échange provoquée par le second choc pétrolier. Exprimé en dollars, le prix du baril de pétrole avait doublé entre 1978 et 1985. Exprimé en marks, il avait plus que triplé. L'effet récessif du prélèvement pétrolier fut ainsi renforcé par le « choc dollar ». Celui-ci rendait plus difficile la désinflation en Europe et au Japon, tandis qu'il la facilitait aux États-Unis.

Une partie au moins des tensions au sein du système monétaire européen (SME) pendant cette période résultait aussi de la hausse du dollar. En effet, les différentes monnaies européennes n'étaient pas exposées de la même façon à l'attraction exercée par les placements en dollar. Les monnaies les plus fragiles furent délaissées plus facilement, mettant à l'épreuve la stabilité des changes requise par le SME. La hausse du dollar renchérissait aussi le coût du remboursement des emprunts contractés en dollars par les États ou les entreprises nationales de certains pays, pesant sur la situation consolidée de leurs finances publiques.

Enfin, l'appréciation continue du dollar n'était plus soutenue, au fur et à mesure qu'elle se poursuivait, que par des anticipations de plus-values à court terme, alors que la dégradation de la position financière des États-Unis appelait à plus long terme un renversement de tendance. L'accentuation de cette contradiction aggravait le risque de change supporté par les détenteurs de titres américains. La probabilité croissante d'une réallocation brutale des portefeuilles financiers mondiaux au détriment du dollar faisait planer un risque considérable sur l'économie américaine, dont le déficit aurait dû alors être résorbé au prix d'un relèvement des taux d'intérêt et vraisemblablement d'une récession sévère. C'est ce scénario catastrophe que les autorités américaines tenteront de déjouer à partir de 1985, par une coordination fort opportune des politiques macroéconomiques.

V / La quête de nouveaux cadres de régulation

Le triomphe de l'orthodoxie libérale, à partir de la fin des années soixante-dix, sanctionnait le caractère irréversible du processus de mondialisation économique. Exposés à la mobilité croissante des capitaux, les États ne sont pas seulement contraints dans le maniement de leurs instruments traditionnels de politique économique. Ils sont désormais en concurrence pour la captation de l'épargne et des investissements. Cette concurrence les lance dans une course à la déréglementation, aux privatisations et aux réductions d'impôts qui met à mal les compromis sociaux issus de la période keynésienne.

L'assujettissement des politiques nationales à la double contrainte de compétitivité et de crédibilité financière était *a priori* de nature à créer les conditions d'un scénario conflictuel pouvant engendrer des tensions financières et commerciales majeures. De fait, les tensions financières n'ont cessé de s'accumuler depuis le début des années quatre-vingt et la conclusion positive de l'*Uruguay Round* en 1994 ne peut masquer la multiplication des conflits commerciaux et la propension croissante des parties prenantes à les résoudre de façon bilatérale. Pourtant, cette période a vu aussi une relance de la coopération internationale sous différentes formes, visant à élargir les marges de manœuvre des États face à la toute-puissance des marchés mondiaux et à combler le déficit de régulation dont souffre l'économie mondiale. Trois de ces formes sont examinées ici : la coordination des politiques économiques, la formation d'unions régionales et le renforcement des institutions multilatérales.

1. La coordination des politiques économiques

Elle constitue le premier type de réponse collective apportée par les PI à l'irruption de la crise et à la conscience nouvelle d'une interdépendance généralisée. De façon significative, le premier sommet des sept pays les plus industrialisés (G7) fut réuni en 1975, à la suite des bouleversements causés par l'effondrement du système de Bretton Woods et le quadruplement du prix du pétrole. L'affaiblissement de la position hégémonique américaine, qu'illustrait la nouvelle donne monétaire et énergétique mondiale, et la menace posée par la montée en puissance de l'OPEP rendaient possible l'émergence de ce type de concertation internationale et encourageaient la recherche de réponses communes à la crise.

Le précédent du sommet de Bonn

En 1978, au sommet de Bonn, un accord était trouvé, invitant la RFA et le Japon, dont les comptes extérieurs étaient déjà redevenus excédentaires, à procéder à une relance budgétaire de leur économie. De leur côté, les États-Unis s'engageaient à réduire leur dépendance énergétique en relevant le prix intérieur du pétrole, jusque-là maintenu très en dessous du prix mondial. En échange du rôle de locomotive de l'économie mondiale qu'on leur demandait de jouer, la RFA et le Japon obtenaient des États-Unis — premier importateur mondial de pétrole — des mesures susceptibles de peser sur la demande mondiale de brut, donc sur le prix du pétrole. Le second choc pétrolier, survenu peu de temps après, réduisit ces efforts à néant. Au resserrement monétaire américain, répondit l'austérité budgétaire de l'Allemagne et du Japon. D'un projet de relance concertée, on était passé à une combinaison de politiques économiques ouvertement conflictuelles, qui devait contribuer à déclencher la récession mondiale la plus grave de l'après-guerre.

De 1981 à 1984, l'indifférence manifestée par la nouvelle administration américaine quant aux effets de sa politique sur le reste du monde bloqua toute relance de la coopération internationale. De façon plus surprenante, les pays européens, pourtant engagés dans un processus d'intégration régionale, furent eux aussi incapables d'apporter des réponses concertées à leurs difficultés communes. Au désir de relance exprimé par le gouvernement socialiste français s'opposa la vigilance anti-inflationniste allemande partagée aussi bien par le SPD social-démocrate que le CDU conservateur qui lui succéda. Ces divergences atteignirent leur paroxysme en 1983, lorsque la France fut à deux doigts de quitter le SME, ce qui aurait constitué un revers sérieux pour la construction européenne. Par la suite, la résorption des tensions monétaires entre la France et la RFA fut moins le fait d'un partenariat retrouvé entre les deux pays que d'un alignement systématique de la politique monétaire française sur celle pratiquée outre-Rhin.

Du Plaza Hotel au Louvre : l'apogée de la coordination

La coopération internationale devait connaître un second temps fort au milieu des années quatre-vingt. Jusqu'alors, les États-Unis avaient superbement ignoré les demandes répétées de leurs partenaires visant à faire baisser les taux d'intérêt et le dollar, affirmant que la seule valeur appropriée pour une monnaie était celle que lui reconnaissait le marché. Pourtant, le 22 septembre 1985, les ministres des Finances et les gouverneurs des banques centrales du G5 (États-Unis, Japon, RFA, France et Royaume-Uni), réunis à l'initiative des États-Unis au Plaza Hotel de New York, signaient un communiqué au terme duquel le dollar était reconnu surévalué et les autorités des cinq pays s'engageaient à faire le nécessaire pour qu'il baisse. Spectaculaire retournement, qui tenait à l'évidence aux proportions alarmantes prises par le déficit de la balance courante des États-Unis et aux menaces que les importations bon marché d'Europe et d'Asie faisaient peser sur des pans entiers de l'industrie américaine. Par une curieuse coïncidence, 1985 est aussi l'année où la position financière extérieure des États-Unis devenait négative, pour la première fois depuis la Première Guerre mondiale.

Le réalisme avait ainsi fini par l'emporter. Reconnaissant le danger que faisait courir à leur économie l'accumulation de déficits aussi importants, les États-Unis sollicitaient finalement une coopération internationale permettant à leur monnaie et à leur économie d'atterrir en douceur. Pour les États-Unis, le problème n'était pas de faire baisser le dollar. Il était de le contrôler dans sa chute. Pour cela, ils avaient besoin de la coopération monétaire de l'Allemagne et du Japon. En s'abstenant de relever leurs taux d'intérêt, en acceptant le cas échéant d'intervenir conjointement avec la Fed sur les marchés des changes, les banques centrales de ces pays pouvaient contribuer à prévenir une crise majeure. En relançant l'inflation et en propulsant les taux d'intérêt vers des sommets, une chute incontrôlée du dollar aurait en effet plongé l'économie américaine dans la récession. Déjà, en remontant légèrement ses taux courts en février 1985, la banque centrale allemande (la Bundesbank) avait provoqué un glissement significatif (– 20 % en six mois) de la devise américaine, qui mettait à nu la vulnérabilité de l'économie américaine face à ses créanciers étrangers.

Une gestion concertée de la baisse du dollar par les grandes banques centrales supposait, bien sûr, que chacun y trouve son compte. Les États-Unis n'étaient pas dépourvus sur ce point d'arguments tranchants. Le premier était évidemment qu'une nouvelle récession mondiale ne servait les intérêts de personne. Le deuxième était qu'une chute incontrôlée de la devise américaine mettrait en difficulté les producteurs européens et japonais, dont la compétitivité serait brutalement dégradée. Le troisième était que si la baisse de leur déficit extérieur ne pouvait être obtenue par une dépréciation contrôlée du dollar, l'administration américaine aurait les plus grandes difficultés à contenir les tentations protectionnistes du Congrès. Celui-ci devait du reste voter en décembre de la même année la loi Gramm-Rudman-Hollings de retour automatique à l'équilibre budgétaire à horizon 1991, par le biais de coupes aveugles dans les dépenses en cas de non-respect des objectifs fixés. Bien que déclarée inconstitutionnelle peu de temps après, cette loi n'en donna pas moins le sentiment que l'austérité budgétaire était enfin engagée, ou sur le point de l'être, aux États-Unis.

La détermination des États-Unis à résorber leur déficit extérieur devait encore s'exprimer à travers deux autres initiatives majeures, toujours à la même époque. La première a déjà été évoquée. Il s'agit du plan Baker de décembre 1985 visant à permettre une reprise de la croissance dans les pays surendettés d'Amérique latine, qui sont dans une large mesure (plus de 50 %) une chasse gardée des entreprises américaines. La seconde est le lancement en janvier 1986 de l'*Uruguay Round* qui, en mettant l'accent sur la libéralisation de l'agriculture et des services, devait lui aussi permettre à l'économie américaine de mettre en valeur deux de ses points forts dans la compétition internationale.

Mais l'événement crucial de la période fut incontestablement le contre-choc pétrolier. En décembre 1985, l'Arabie Saoudite faisait entériner par l'OPEP sa stratégie de reconquête du marché, qui devait ramener le prix du baril de 29 à moins de 10 dollars en quelques mois (voir chapitre II). Un tel développement ne pouvait mieux tomber pour l'économie américaine. En réinjectant un pouvoir d'achat considérable dans les économies industrialisées, le

TABLEAU XI. — LA RÉSORPTION DES DÉSÉQUILIBRES INTERNATIONAUX

	1985	*1986*	*1987*	*1988*	*1989*	*1990*	*1991*	*1992*	*1993*
Prix relatif à l'exportation, indices 1985 = 100 [a]									
États-Unis	100	88	81	77	77	75	74	72	71
Japon	100	112	113	116	113	108	116	123	116
RFA	100	110	115	111	110	113	112	116	112
Volume des exportations, variation annuelle en pourcentage									
États-Unis	1,6	4,2	10,0	19,3	11,8	7,3	7,6	7,4	4,6
Japon	5,0	– 0,5	0,4	4,3	4,3	5,2	2,4	1,6	– 1,9
RFA	5,9	1,5	2,7	6,4	7,9	1,4	– 2,3	2,1	– 5,7
Volume des importations, variation annuelle en pourcentage									
États-Unis	5,9	8,6	4,2	4,0	4,4	2,4	0,7	10,4	11,7
Japon	0,5	9,7	9,0	16,7	7,9	5,0	3,9	– 0,6	3,7
RFA	4,6	5,2	5,2	6,3	7,1	9,9	9,3	2,3	– 9,6
Parts de marché en volume, 1985 = 100 [b]									
États-Unis	100	101	106	113	116	118	118	118	119
Japon	100	94	88	84	81	81	76	63	57
RFA	100	97	94	92	92	88	84	83	79
Soldes courants, en % du PIB									
États-Unis	– 3,1	– 3,5	– 3,7	– 2,6	– 2,0	– 1,7	– 0,1	– 1,1	– 1,6
Japon	3,6	4,3	3,6	2,7	2,0	1,2	2,2	3,2	3,1
RFA	2,6	4,4	4,1	4,3	4,9	3,1	– 1,1	– 1,1	– 1,1

a. Prix des exportations de produits manufacturés exprimés en dollars, rapporté à celui des pays concurrents.

b. Volume des exportations de produits manufacturés rapporté au volume des importations des pays clients.

Source : OCDE, *Perspectives économiques*.

contre-choc pétrolier relançait l'activité tout en prolongeant l'effort de désinflation déjà accompli par ces pays. Du point de vue des États-Unis, cela signifiait qu'une baisse du dollar beaucoup plus prononcée pouvait intervenir sans relancer l'inflation. De fait, entre septembre 1985 et février 1987, la dépréciation du dollar atteint 30 % à l'égard du mark et 36 % à l'égard du yen. Contrairement à ce qui était anticipé, cette baisse pouvait intervenir dans un contexte de détente monétaire généralisée, qui allait grandement contribuer à la reprise de l'activité mondiale au cours des années suivantes.

Le 22 février 1987, les ministres des Finances et les gouverneurs de banques centrales des pays du G7, réunis au Louvre à Paris, déclaraient que le dollar avait assez baissé. A 150 yens et 1,80 mark pour un dollar, les taux de change étaient jugés conformes aux données économiques fondamentales. La résorption des déséquilibres commerciaux n'était pourtant toujours pas amorcée. En 1986, tant le déficit courant des États-Unis que les excédents de la RFA et du Japon continuent de progresser (voir tableau XI). L'action des mouvements de parités sur les soldes en valeur des échanges est lente, conformément au schéma traditionnel de la courbe en J. Si une redistribution des parts de marché en volume a bien commencé à s'opérer au profit des firmes américaines, elle est plus que compensée dans un premier temps par l'évolution négative des termes de l'échange, qui résulte de la baisse du dollar. L'ajustement des taux de change est en outre amorti par la contraction des marges bénéficiaires des producteurs allemands et japonais, qui font tout pour limiter leurs pertes de parts de marché. La redistribution des parts de marché n'est du reste pas un jeu à trois. Les NPI d'Asie, dont les monnaies baissent avec le dollar, confisquent une partie des gains qui auraient dû revenir aux entreprises américaines [OFCE, 1987]. Enfin, l'ajustement international ne peut faire l'économie d'un ralentissement de la demande intérieure aux États-Unis, qui suppose une réduction effective du déficit public.

La coordination des politiques doit donc franchir un seuil supplémentaire. Elle doit porter désormais sur les politiques budgétaires, et non plus seulement sur les politiques monétaires. Pour éviter que le ralentissement de l'économie américaine ne soit trop prononcé, ce que personne ne souhaite, il faut que la demande soit plus soutenue dans le reste du monde, à commencer par l'Europe et le Japon. L'inversion nécessaire du différentiel de croissance de la demande intérieure entre les États-Unis et leurs partenaires pourra ainsi s'opérer sans que la croissance mondiale en souffre. Telle est la philosophie des accords du Louvre. Les États-Unis s'y engagèrent à réduire leur déficit budgétaire. En échange, la RFA et le Japon acceptaient de relancer leurs demandes intérieures. Les NPI d'Asie étaient montrés du doigt et sommés d'ouvrir davantage leurs marchés, d'une part, de laisser leurs monnaies s'apprécier, d'autre part.

Le krach boursier et la poursuite de l'ajustement international

Ces promesses ne furent pas tenues. Le Japon donna bien une orientation nettement plus expansive à sa politique monétaire, mais sa politique budgétaire demeura restrictive et son marché peu accessible. La RFA, dont la croissance économique conditionne de fait celle de toute l'Europe occidentale, s'abstint de toute relance budgétaire et enregistra en 1987 la croissance la plus faible depuis 1982. Aux États-Unis enfin, la politique budgétaire devint légèrement moins expansive, mais pas assez pour freiner de façon significative le volume de la demande intérieure. Dès le premier semestre, il était clair que l'inversion souhaitée du différentiel de demande n'était guère en cours, ce qui signifiait en clair que la résorption du déficit américain exigeait une baisse supplémentaire du dollar.

Considérant que celle-ci était inévitable, en dépit de la détermination des banques centrales à s'y opposer, les marchés désertèrent les titres en dollars, ce qui fit bondir les taux d'intérêt à long terme aux États-Unis. Un écart dangereux se creusait ainsi entre les rendements obligataires et ceux des marchés boursiers, où la montée ininterrompue des cours depuis 1982 avait ramené les rendements des actions à leurs plus bas niveaux. En octobre, la publication d'un chiffre désastreux du commerce extérieur américain, l'annonce par la Bundesbank qu'elle relevait ses taux d'intérêt et la vive réaction de James Baker menaçant de laisser chuter le dollar provoquait le krach boursier le plus important depuis 1929.

Sanction des insuffisances de la coopération internationale, le krach devait susciter, fin 1987, une réaction salutaire des gouvernements. Hantés par le souvenir des erreurs de 1929, ceux-ci procédaient à des injections massives de liquidités, facilitant ainsi le refinancement des agents en difficulté. Conjuguée aux effets différés du contre-choc pétrolier, la détente monétaire allait contribuer à relancer l'activité mondiale en 1988 et 1989. Parallèlement, la politique budgétaire se durcissait aux États-Unis et les besoins de financement du secteur public étaient réduits par l'effet positif de la croissance sur les recettes fiscales. Sur le plan extérieur, la baisse du dollar faisait enfin sentir ses effets sur le volume des exportations, ce qui ramenait le déficit courant à un niveau supportable (voir tableau XI). L'ajustement semblait aussi porter ses fruits au Japon, où le volume des importations progressait de façon spectaculaire tandis que le solde courant dessinait un mouvement parfaitement symétrique à celui des États-Unis. En revanche, l'attitude de la RFA demeurait toujours aussi peu coopérative, la politique économique maintenant une orientation globalement restrictive, qui propulsait l'excédent courant à son plus haut niveau en 1989.

A partir de 1990, le problème de la résorption des déséquilibres Nord-Nord allait toutefois passer au second plan des préoccupations des PI. Le retournement conjoncturel aux États-Unis, qui précède de deux ans celui de l'Allemagne et du Japon, provoque un quasi-rééquilibrage de la balance courante américaine. La réunification allemande absorbe l'excès d'épargne de la RFA dont les comptes extérieurs deviennent déficitaires. La baisse du dollar est enrayée, aux effets près du déphasage conjoncturel entre les États-Unis et leurs partenaires. Seul demeure le déséquilibre bilatéral du commerce nippo-américain qui s'accentue à nouveau à partir de 1993 du fait de l'écart conjoncturel creusé par la récession nippone et la reprise américaine.

Une nouvelle phase s'engage, qui met aux prises le Japon et les États-Unis. Ne pouvant guère exiger du Japon une politique plus expansive encore, ces derniers concentrent leurs efforts, à partir de 1989, sur les obstacles structurels aux échanges, autrement dit sur les conditions d'accès de leurs entreprises au marché japonais. Ils obtiennent de leurs interlocuteurs des engagements précis concernant le partage du marché japonais de certains produits (téléphones cellulaires, par exemple). En contrepartie, les Japonais soulignent avec ironie la nécessité d'un ajustement structurel de l'économie américaine, qui souffrirait d'une épargne insuffisante, d'une gestion défectueuse de ses entreprises, de gains de productivité trop faibles, etc.

Cette gestion administrée des échanges bilatéraux ne donnera cependant que des résultats limités, provoquant une escalade des tensions commerciales en 1994. Frustrés par ce qu'ils estiment être une violation des accords passés, les États-Unis alternent les menaces de sanctions commerciales et les pressions à la hausse du yen. Début 1995, le dollar tombait sous la barre des 100 yens, accentuant les difficultés d'une économie japonaise en pleine crise, mais contribuant aussi à renforcer le sentiment nationaliste d'un pays qui prend conscience de sa force. Contraire aux règles du multilatéralisme promu par ailleurs, ce pressing américain masque mal l'érosion du *leadership* d'une puissance désormais privée de la force de cohésion que créait l'existence de la menace soviétique.

2. La formation d'ensembles économiques régionaux

Au-delà du libre-échange

L'union économique régionale peut être considérée comme un second type de réponse des États au processus de mondialisation. Elle se distingue en cela des simples accords bilatéraux ou régionaux de libre-échange, qui s'inscrivent sans la contredire dans la logique d'unification progressive de l'espace économique mondial. Elle va bien au-delà aussi de l'union douanière, qui n'est tolérée par le GATT qu'à condition de ne pas élever le niveau des tarifs existants à l'égard des pays tiers, autrement dit de ne pas entraver la mondialisation des échanges. Elle n'est guère réductible enfin au phénomène d'intégration régionale spontanée, dont l'Extrême-Orient offre l'exemple le plus saisissant, et qui résulte fondamentalement de la diffusion réussie du mode de production capitaliste dans cette région du monde. Le trait spécifique de la formation d'ensembles régionaux est son caractère institutionnel, producteur de normes organisant et délimitant le cadre concurrentiel des échanges. La construction européenne constitue l'exemple le plus authentique de cette démarche, que n'imitent que très partiellement les accords instituant l'ALENA en Amérique du Nord et le Mercosur en Amérique du Sud, entrés en vigueur en 1994 et 1995.

Assimilée par la critique libérale à un protectionnisme déguisé, cette production de normes techniques, fiscales, financières et réglementaires s'apparente bien davantage en réalité à un travail de reconstruction au niveau supranational d'une souveraineté étatique en passe d'être vidée de sa substance par la puissance du processus de mondialisation. Les normes que des pays comme la France, l'Italie ou la Suède ne peuvent plus imposer sous peine de s'exposer à une délocalisation de l'emploi et de l'épargne, un ensemble de pays de taille significative peut les mettre en œuvre, sous peine pour les agents privés récalcitrants de s'exposer à des sanctions, voire de perdre l'accès à un marché convoité.

L'élargissement au 1er janvier 1995 de l'Union européenne à l'Autriche, la Finlande et la Suède illustre la force d'attraction politique créée par la dynamique communautaire. A travers l'accord de 1992 instituant l'Espace économique européen, ces pays disposaient déjà d'un accès presque parfait au marché européen, y compris dans les secteurs ouverts à la concurrence communautaire par l'Acte unique, tout en étant dispensés de participer à la très contraignante politique agricole commune et aux mécanismes de solidarité financière envers les régions moins développées de la Communauté. L'avantage principal que leur procure l'adhésion est de pouvoir participer à l'avenir à l'élaboration des normes européennes, autrement dit de peser sur des décisions auxquelles ils auraient dû de toute façon se soumettre.

Du SME à l'union monétaire

C'est toutefois dans le domaine monétaire que la construction européenne s'oriente le plus clairement dans une direction supranationale, avec le projet de création d'une monnaie unique, susceptible de restituer aux États les marges de manœuvre supprimées par la globalisation financière. La création du Système monétaire européen (SME) en 1979 avait déjà jeté les bases d'une solidarité monétaire entre les États participant au mécanisme de change, qui permit au noyau dur de la Communauté européenne de traverser les turbulences financières des années quatre-vingt dans un contexte de relative stabilité monétaire. En multipliant les possibilités de soutien financier à court et moyen terme pour les pays dont les monnaies sont attaquées, en répartissant la charge des interventions intramarginales entre banques centrales lorsque les monnaies divergent dangereusement de leurs cours pivots, le SME reprenait, en les amplifiant et en les améliorant, les principes qui avaient présidé à l'élaboration du système de Bretton Woods. Un degré de liberté était certes sacrifié dans la conduite des politiques monétaires — désormais astreintes à la défense du change —, mais les États s'épargnaient ainsi les effets virtuellement désastreux d'une concurrence monétaire entre économies fortement intégrées.

Ce système présentait cependant un biais déflationniste marqué, qui lui valut d'être tenu pour responsable de la montée du chômage en Europe. Dès lors, en effet, que l'objectif est de maintenir des parités fixes, la convergence des taux d'inflation vers le taux le plus bas devient impérative, faute de quoi la dégradation de la compétitivité dans les pays les plus inflationnistes suscitera des attaques répétées contre les monnaies de ces pays, réputées faibles. La configuration des économies européennes est de ce point de vue hautement hiérarchisée. La RFA, qui dispose de la spécialisation internationale la plus favorable, est aussi le pays où le consensus social est le plus poussé — autorisant une inflation basse — et la démographie la moins dynamique. La force de sa monnaie n'affecte que modérément une compétitivité à l'exportation fondée sur d'autres arguments que les prix, tandis que ses besoins limités de création d'emploi lui permettent de s'accommoder d'une croissance ralentie. De par sa taille, sa puissance industrielle et sa crédibilité monétaire, l'économie ouest-allemande domine la scène européenne. En régime de change fixe, son rythme de croissance borne à peu de chose près celui de ses partenaires, dont les taux d'intérêt à court terme ne peuvent diverger sensiblement en termes réels de ceux fixés par la Bundesbank.

La vertu désinflationniste de ce système était précisément ce qui le rendait attrayant pour des pays soucieux de briser la spirale prix-salaires enclenchée par les chocs pétroliers et victime d'une défiance chronique à l'égard de leurs monnaies nationales. Érigée en stratégie par la France, la désinflation compétitive fit des émules à partir de la fin des années quatre-vingt, avec l'entrée de la peseta (juin 1989), de la livre sterling (décembre 1990) et de l'escudo (janvier 1992) dans le SME et le rattachement informel de la couronne suédoise au mark (mai 1991). Dans la plupart des cas, la désinflation allait être fulgurante. Au Royaume-Uni, l'inflation revenait de 10 % en 1990 à 4 % en 1992, en Suède de 11 % à 2 % au cours de la même période, au Portugal, de 11 % en 1991 à 7 % en 1993, malgré plusieurs dévaluations. Mais partout, celle-ci était obtenue par le biais d'une baisse de l'emploi, moyen le plus sûr de peser sur les salaires réels et de relever la productivité à court terme. Au Royaume-Uni et en Suède, le taux de chômage progressait de 3 points en deux ans, avant même la crise monétaire de l'automne 1992.

Une telle convergence des évolutions nominales conditionne à l'évidence la relance du projet d'union monétaire, envisagé dès 1969 au sommet de La Haye, et repris par le rapport Delors de 1989. Mais ce projet constitue aussi pour les pays à monnaie faible le chemin le plus prometteur vers l'instauration d'une autonomie monétaire collective, autrement dit d'une participation à l'élaboration d'une politique monétaire européenne qui ne se réduirait plus aux décisions prises unilatéralement par la Bundesbank. A défaut de pouvoir restaurer au niveau national une souveraineté monétaire incompatible dans un régime de change fixe avec la libéralisation financière, le passage à la monnaie unique est à même, en théorie, de restituer sa souplesse perdue à la politique monétaire puisqu'elle équivaut à restaurer un régime de change flottant au niveau communautaire.

En restituant à la politique monétaire une autonomie gérée désormais collectivement et en supprimant les contraintes nationales de balance des paiements, le parachèvement de l'intégration communautaire est censé contribuer au renforcement du potentiel de croissance de l'Union européenne. Avec un commerce intracommunautaire égal à 70 % des échanges extérieurs des pays membres, celle-ci constitue un espace largement autocentré, autrement dit susceptible d'être régulé de façon autonome. Exemple pour les autres régions du monde, pôle d'attraction pour les pays qui l'entourent, la construction européenne montre qu'une intégration régionale organisée peut, à long terme, constituer une alternative crédible au déficit de coopération dont souffre l'économie mondiale.

3. Le renforcement des institutions multilatérales

L'ordre économique international mis en place par les États-Unis après la Seconde Guerre mondiale reposait sur trois piliers : un régime monétaire, un système de financement multilatéral des déséquilibres courants et une instance de négociation (le GATT) visant à promouvoir la libéralisation des échanges mondiaux. Les deux premiers se sont effondrés dans les années soixante-dix, avec le passage aux changes flottants et l'essor des marchés internationaux de capitaux, qui démultipliait les possibilités de financement externe offertes aux États. La montée des barrières non tarifaires aux échanges, du régionalisme et du bilatéralisme constitue pour le troisième une menace sérieuse, que l'*Uruguay Round* s'est efforcé de résorber.

La mue des sœurs jumelles de Bretton Woods

Vidé de sa substance, le système de Bretton Woods a survécu sous la forme des deux institutions jumelles — le FMI et la Banque mondiale — chargées jusqu'alors de réguler les relations monétaires et financières internationales. Toutes deux ont vu leurs fonctions traditionnelles remises en cause par les bouleversements survenus dans les années soixante-dix. Spécialisée dans le financement du développement, la Banque mondiale s'est trouvée marginalisée par l'essor des euromarchés. Dépossédé de sa fonction de supervision des taux de change, le Fonds n'a guère eu son mot à dire sur les déséquilibres profonds apparus par la suite dans les balances des paiements des PI. Pour les deux institutions, la crise de la dette fut l'occasion d'une redéfinition de leurs rôles dans la gestion des relations financières internationales. De gardien de l'ordre monétaire international, le Fonds s'est transformé en une police financière des pays en développement, imposant des politiques d'ajustement aux pays se trouvant dans l'impossibilité de rembourser leurs dettes. Le mécanisme de la conditionnalité le place au centre de la gestion de la crise de la dette.

N'ayant pas vocation à promouvoir le développement, mais à veiller au rétablissement des équilibres financiers, le Fonds s'est acquitté de sa mission en plaçant la contraction de la demande intérieure et la dévaluation des monnaies au centre de ses programmes d'ajustement. L'impact tout à la fois récessif et inflationniste de ces politiques et les critiques sévères dont elles firent l'objet l'incitèrent toutefois à compléter son dispositif dans la seconde partie des années quatre-vingt par des mesures plus structurelles. Celles-ci ont en principe pour objet de promouvoir l'offre par une libéralisation des marchés intérieurs (libération des prix des biens et services, déréglementation du marché du travail et des marchés financiers), un démantèlement des obstacles aux échanges extérieurs et une réduction du poids de l'État dans l'économie (privatisations, réduction des dépenses publiques, etc.). Ce faisant, le Fonds se rapprochait du champ d'intervention de la Banque mondiale, dont l'activité se démarquait de plus en plus du simple financement de projets et évoluait vers la promotion de réformes sectorielles (dans le domaine agricole, de l'énergie, de la santé, etc.), puis structurelles, visant à poser les bases d'une croissance durable à long terme.

L'ajustement structurel, dont la philosophie générale se résume à la promotion des mécanismes de marché comme vecteurs privilégiés de l'allocation des ressources, devenait ainsi l'axe central de la conditionnalité pratiquée par les deux institutions, ce qui ne manquait pas, à l'occasion, de poser de redoutables problèmes de coordination de leurs activités. Loin d'assumer une position d'arbitre entre les exigences des créanciers et les besoins des débiteurs, les institutions de Bretton Woods devinrent l'instrument de la réforme des économies débitrices exigée par les créanciers, autrement dit de leur transformation d'économies de rente ou semi-étatiques en un espace ouvert à la diffusion du capitalisme.

Nulle part sans doute cette mutation ne fut plus poussée, dans les années quatre-vingt, qu'en Amérique latine. L'ampleur des programmes de libéralisation et de privatisation fait d'autant plus impression que ces réformes ont été accomplies dans un contexte de démocratisation de la vie politique qui permettait l'expression de demandes sociales longtemps réprimées. Stimulées par les programmes de conversion privée ou publique de dettes, qui desserraient les contraintes pesant sur leurs balances des paiements, les économies les plus endettées de la région purent venir à bout de l'hyperinflation et regagner de façon spectaculaire l'accès aux marchés internationaux de capitaux au début des années quatre-vingt-dix. Ce redressement financier, dont la crise mexicaine de 1994 a montré la fragilité, ne peut cependant masquer la dégradation des conditions de vie du plus grand nombre et l'atonie persistante de l'investissement dans la plupart des pays (le Chili constituant une exception notable). Qu'il s'agisse du creusement des inégalités, du recul des budgets sociaux, de la diffusion de la violence ou de l'emprise croissante des mafias de la drogue, le bilan social de la région montre que l'ajustement structurel, tel qu'il est conçu et promu par le FMI et la Banque mondiale, ne peut être facilement tenu, loin s'en faut, pour le chemin le plus sûr vers le développement.

C'est pourtant ce chemin qui est imposé aux pays d'Afrique subsaharienne depuis le début des années quatre-vingt, avec une obstination surprenante au vu de l'absence de résultats probants dans l'immense majorité des cas. L'attention portée depuis quelques années au « coût social de l'ajustement » (l'aggravation de la pauvreté) et à la sauvegarde de l'environnement ne s'est pas traduite par une révision en profondeur de la philosophie de l'ajustement, mais par le simple ajout d'objectifs aux programmes préexistants.

Et c'est le même chemin que s'engagent à suivre les économies d'Europe de l'Est en contrepartie du soutien financier qu'elles reçoivent. Dans tous les cas, l'hypothèse de base est que l'instauration des mécanismes concurrentiels et le transfert au marché de la fonction d'allocation des ressources constituent la façon la plus sûre de redresser l'incitation à produire et innover. Un second article de foi est que la transition à l'économie de marché doit s'effectuer non pas de façon graduelle, mais d'un seul coup, l'ampleur du choc conditionnant la crédibilité de la réforme. L'effondrement de la production, l'expérience périlleuse de l'hyperinflation et le délitement des tissus sociaux sont les fruits amers de cette « grande transformation » menée tambour battant sous la conduite éclairée des institutions de Bretton Woods.

La question du prêteur en dernier ressort

L'irruption de la crise de la dette a révélé l'ampleur des risques découlant de l'absence de réglementation des activités internationales des banques et d'un prêteur en dernier ressort capable de parer aux crises de système en cas de défaut d'un débiteur souverain. La banque centrale des banques centrales, appelée de ses vœux par Keynes, n'a guère été ébauchée à Bretton Woods. A sa place, a été créé le FMI, qui fonctionne comme une mutuelle des États, chacun cotisant selon ses revenus et pouvant tirer sur les ressources du Fonds en cas de besoin, selon des règles déterminées à l'avance [Lenain, 1993].

Si les moyens du Fonds ont été progressivement augmentés — relèvement des quotes-parts, émission des droits de tirage spéciaux (DTS), accords généraux d'emprunts — et les possibilités d'assistance aux États en difficultés élargies — création en 1974 de la facilité pétrolière, de la facilité d'ajustement structurel (FAS) en 1986 et de la FAS renforcée en 1988, enfin de la facilité pour la transformation systémique (destinée aux pays de l'Est) en 1992 —, ils restent très insuffisants au regard de l'ampleur des déséquilibres qui peuvent naître d'une mobilité presque parfaite des capitaux.

La crise mexicaine de décembre 1994, qualifiée avec emphase par le directeur général du FMI de première crise du XXIe siècle, illustre ce point. Pour sauver une nouvelle fois le Mexique de la faillite et refinancer les seules échéances de l'année 1995, pas moins de 48 milliards de dollars durent être mobilisés, soit davantage que l'encours total des crédits du FMI à l'ensemble des PED fin 1994. De façon significative, ce n'est pas le FMI, incapable de réunir une telle somme, mais le Trésor américain qui a organisé l'opération de sauvetage, n'hésitant pas à utiliser 20 des 25 milliards de son propre fonds de stabilisation des changes et à solliciter 6 milliards de crédits à court terme de la Fed. La Banque des règlements internationaux (BRI) — institution œuvrant à la coopération entre les banques centrales et dominée par les pays d'Europe occidentale — était aussi sollicitée et débloquait 10 milliards de crédits. Elle entretenait ainsi une longue tradition de régulation informelle de la vie financière internationale qui l'avait notamment amenée, tout au long des années quatre-vingt, à monter de nombreux prêts-relais au profit des PED, en attendant l'ouverture des facilités de crédit du FMI. Soucieux de ne pas se retrouver marginalisé, celui-ci portait sa contribution au plan de sauvetage de 8 à 18 milliards.

Un tel effort pose néanmoins un problème majeur. Compte tenu de ses ressources actuelles, le Fonds ne serait guère en mesure de parer à d'autres crises de ce type, ce qui contredirait l'obligation d'égalité de traitement à laquelle il est tenu à l'égard de ses membres. Or, des crises semblables ont toutes les chances de se répéter dans le contexte de globalisation financière actuel et d'émergence de nouveaux marchés financiers. A la différence des crises d'endettement bancaire, pour lesquelles toutes sortes de montages financiers pouvaient être imaginés pour reporter ou réduire la charge de remboursement du principal et des intérêts, les crises de type « finance directe » ont un impact immédiatement et profondément déstabilisateur dans la mesure où il est pratiquement impossible d'empêcher la fuite massive des capitaux dès que se retournent les anticipations de change. Si le système bancaire international est par définition à l'abri de ce type de crise, les systèmes bancaires nationaux et, plus généralement, les économies sont purement et simplement menacées d'effondrement, sauf refinancement extérieur massif. Dans le cas de la crise mexicaine, les États-Unis ont joué le rôle de prêteur en dernier ressort. On voit mal qu'ils puissent assumer ce rôle de façon systématique à l'avenir.

A défaut d'une réforme profonde permettant au FMI d'évoluer dans ce sens, en systématisant par exemple son pouvoir d'émission de DTS, une telle responsabilité pourrait à terme incomber à la BRI qui a l'avantage d'émaner des banques centrales et non des gouvernements et l'inconvénient de ne représenter que certaines d'entre elles — celles des PI. Les responsabilités croissantes qu'elle assume dans la supervision des activités internationales des banques et dans la fixation de règles prudentielles (voir chapitre VI) plaideraient *a priori* en ce sens.

Du GATT à l'Organisation mondiale du commerce (OMC)

La conclusion, en avril 1994, de l'*Uruguay Round*, au terme de huit ans de négociations, marque certainement une étape importante dans la consolidation du multilatéralisme dans les relations économiques internationales. Elle vient enrayer une perte de crédibilité du GATT qui n'avait pu s'opposer, depuis le début des années quatre-vingt, à la montée des obstacles non tarifaires aux échanges et des sanctions bilatérales en cas de conflits commerciaux. Elle vient aussi faire contrepoids à la multiplication des accords régionaux — pas moins de 33 accords déposés au GATT de 1990 à 1994, soit le tiers de tous ceux enregistrés depuis 1948 — qui porte en elle le risque d'une fragmentation de l'espace commercial international.

L'originalité de cet accord par rapport aux cycles précédents de négociation est double. D'une part, le mouvement de libéralisation des échanges de marchandises est étendu tant en ce qui concerne le champ couvert que les formes de libéralisation. Le champ couvert est notamment étendu aux produits agricoles, pour lesquels le volume des exportations subventionnées (principalement par les États-Unis et l'Union européenne) doit être réduit de 21 % d'ici 1999, et aux produits textiles, avec le démantèlement des accords multifibres dans un délai de dix ans [Rainelli, 1996]. Les progrès sont en revanche modestes dans le domaine des services (un cinquième de l'ensemble des échanges mondiaux), où les négociations dans les secteurs les plus sensibles (télécommunications, services financiers, transport maritime) doivent se poursuivre. Par ailleurs, la libéralisation des échanges ne se limite plus aux coupes tarifaires, mais doit inclure progressivement les zones grises du commerce international, autrement dit les barrières non tarifaires et les accords de restriction volontaire à l'exportation.

D'autre part, la création de l'OMC en 1995 pourrait faire obstacle à la montée du bilatéralisme comme mode de gestion des conflits commerciaux. A la différence du GATT, dont les arbitrages devaient, pour être valables, être acceptés par toutes les parties, y compris la partie accusée, les arbitrages de l'OMC ne pourront être rejetés qu'à l'unanimité des parties concernées. En cas de non-respect d'une décision, la partie plaignante sera autorisée à exiger des compensations et, le cas échéant, à imposer des sanctions commerciales. Ce développement, de loin le plus significatif, suppose le démantèlement des arsenaux de sanctions unilatérales progressivement mis en place par les États-Unis et l'Union européenne. *A priori*, les nombreux recours déposés devant l'OMC depuis sa création augurent bien de sa contribution possible à la restauration du multilatéralisme. Toutefois, l'épisode des menaces de sanctions unilatérales des États-Unis contre le Japon en 1995, qui ont forcé ce pays à accepter des négociations sur le rééquilibrage des échanges bilatéraux d'automobiles, montre que le règne du droit est encore loin d'être instauré dans les relations commerciales internationales.

VI / La dialectique de la mondialisation et de la crise

L'économie mondiale est entrée, au milieu des années soixante-dix, dans une phase de croissance lente. D'après les données compilées par la Banque mondiale, le taux de croissance annuel du produit mondial par habitant, qui approchait 4 % en moyenne de 1960 à 1973, est tombé à 2,4 % de 1973 à 1980 et à 1,2 % de 1980 à 1993. L'Asie en développement est l'unique région du monde où la croissance s'est accélérée au cours de la période. Les manifestations de cette crise sont bien connues : montée du chômage de masse en Europe occidentale, de la pauvreté des deux côtés de l'Atlantique, dérèglements financiers et instabilité monétaire dans l'ensemble du monde industrialisé, contraintes financières exacerbées et coûts sociaux de l'ajustement dans la plupart des pays en développement ou en transition à l'économie de marché.

Cette irruption de la crise, qui est contemporaine des ruptures monétaires et des chocs pétroliers des premières années soixante-dix, ne peut être dissociée des avancées du processus de mondialisation. Celui-ci se caractérise, on l'a vu, par une unification progressive des marchés mondiaux de biens, de services et de capitaux, mais aussi par une intégration croissante de la production à l'échelle mondiale. Ce faisant, il élargit le champ de la concurrence là où prévalaient dans le passé les principes d'organisation et de complémentarité. Cette mutation est particulièrement sensible dans trois domaines : dans le domaine commercial, tout d'abord, où la concurrence industrielle du Sud remet en cause au Nord les conventions sociales héritées de la période keynésienne ; dans le domaine financier, ensuite, où la grande vague de déréglementation des années quatre-vingt déstabilise les systèmes bancaires ; dans le domaine monétaire, enfin, où les mécanismes de change les plus robustes ne peuvent résister aux tempêtes déchaînées par des mouvements de capitaux affranchis de toute entrave.

1. Libre-échange, emploi et protection sociale

Les symptômes de la crise

Deux événements symbolisent mieux que tout autre la persistance de la crise à laquelle sont confrontées les nations occidentales : les émeutes de Los Angeles en 1992 et le nombre croissant de personnes sans domicile fixe (SDF) en France. Des deux côtés de l'Atlantique, le syndrome est le même, bien qu'il s'exprime sous des formes différentes. En Europe occidentale, la poursuite de la progression des revenus réels n'a pu être assurée, depuis le début des années soixante-dix, qu'au prix d'une stagnation presque absolue de l'emploi (+ 0,4 % par an en moyenne de 1970 à 1994, contre + 1,4 % aux États-Unis). D'après les données rassemblées par l'OCDE, l'accroissement de la population active de l'Union européenne (UE) depuis 1978 correspond pour moitié seulement à une augmentation de l'emploi, le solde venant gonfler les statistiques du chômage au rythme d'environ 700 000 personnes par an. En 1994, près de 45 % des 18 millions de chômeurs de l'UE étaient sans emploi depuis au moins un an, contre moins de 10 % aux États-Unis.

Avec un taux de chômage inférieur de moitié à celui de l'UE en 1994, les États-Unis semblent en apparence épargnés par le fléau du sous-emploi. Les apparences toutefois sont trompeuses. Le maintien d'un rythme élevé de création d'emplois dans ce pays va de pair avec une baisse quasi-continue du salaire réel moyen depuis 1972. Cette baisse est particulièrement prononcée pour les travailleurs les moins qualifiés, dont le salaire réel a baissé d'environ 30 % en termes réels depuis 1970. A la différence de l'Europe, les États-Unis semblent privilégier l'emploi par rapport à la productivité. Mais ce choix se traduit par une faiblesse marquée des taux d'activité et un creusement massif des inégalités. Une part de l'écart entre les taux de chômage des deux côtés de l'Atlantique s'explique directement par le retrait de la population active américaine, et donc des statistiques du chômage, de personnes découragées de chercher un emploi par l'insuffisance de leur qualification et donc des rémunérations qui leur sont proposées.

Ainsi, le taux de non-emploi des hommes âgés de 25 à 55 ans — qui prend en compte, outre les chômeurs, les personnes sans emploi ayant cessé de chercher un travail — est depuis vingt ans plus élevé aux États-Unis qu'en France. Avec le recul des salaires des catégories les moins qualifiées, ces données expliquent la montée de la pauvreté de masse aux États-Unis. En 1990, l'inégalité dans la distribution des revenus — mesurée par le rapport entre la frange supérieure du neuvième décile et celle du premier décile — était deux fois plus importante aux États-Unis qu'en Europe. A cela s'ajoute que les indemnités de chômage étaient en moyenne deux fois moins importantes aux États-Unis que dans l'UE.

Au total, la crise de l'emploi se manifeste avec des intensités comparables, mais selon des modalités différentes, des deux côtés de l'Atlantique. A la résignation des pays européens face à la montée d'un chômage rapidement synonyme d'exclusion sociale — en dépit de conditions d'indemnisation plus favorables qu'ailleurs — répond l'option américaine d'une flexibilité généralement synonyme de bas salaires et d'emplois précaires et d'une société duale, où l'espérance de vie à la naissance de la population noire est de dix ans inférieure à celle de la population blanche.

L'impact des nouvelles concurrences

Cette dégradation générale des conditions d'emploi dans les pays occidentaux est souvent associée à l'extraordinaire percée des pays asiatiques, Japon inclus, sur les marchés mondiaux de produits manufacturés depuis le début des années soixante (voir chapitre II). L'érosion rapide et continue de l'emploi manufacturier dans les pays occidentaux alimente cette inquiétude, tout particulièrement quand elle est comparée à la montée spectaculaire de l'emploi industriel en Asie. Ainsi, tant aux États-Unis que dans les pays de l'UE, la part de l'industrie dans l'emploi total a chuté de 10 points de 1970 à 1993 (respectivement de 34 % à 24 % et de 40 % à 30 %).

De façon significative, la part de l'emploi industriel restait constante au Japon au cours de la même période (34 %), tandis que les salaires réels du secteur manufacturier augmentaient de près de 2 % par an. Parallèlement, l'industrie assurait la majeure partie de la croissance de l'emploi dans les pays d'Asie en développement, absorbant au début des années quatre-vingt-dix près de 40 % de la force de travail dans les quatre NPI de la première génération et près de 20 % dans ceux de la seconde vague, Chine incluse [Banque mondiale, 1995b]. D'une façon plus générale, l'adoption de la stratégie de promotion des exportations industrielles par d'autres régions du monde — Amérique latine, Europe de l'Est, Inde — et l'accélération des investissements directs vers les PED depuis le début des années quatre-vingt-dix font planer la menace d'une exacerbation de la concurrence des régions à bas salaires, pourtant déjà jugée insupportable par beaucoup.

Trois arguments sont généralement avancés pour limiter la portée de cette menace. Le premier est que, malgré leur progression rapide, les exportations de produits manufacturés des pays en développement ne représentent qu'une part modeste des importations (un quart environ) et, à plus forte raison, du PIB (2 % en moyenne) des PI. Un deuxième argument souligne que les échanges industriels entre le Nord et le Sud sont globalement équilibrés, autrement dit que la poussée des exportations du Sud a pour contrepartie une progression parallèle de ses importations.

Celle-ci témoigne des opportunités qui sont offertes aux économies occidentales, si elles parviennent à adapter leurs spécialisations internationales aux conditions nouvelles de la concurrence, en redéployant leurs activités vers les secteurs à fort contenu technologique et haute productivité, abandonnant les secteurs traditionnels aux PED. Les économies les plus lentes à se reconvertir seraient les plus pénalisées en termes d'emplois. Tout protectionnisme défensif ne ferait en effet qu'aggraver le problème en maintenant artificiellement l'emploi dans les secteurs menacés au détriment des secteurs d'avenir et au prix d'un appauvrissement général des nations concernées. Le troisième argument est que les causes structurelles du chômage et du creusement des inégalités doivent être recherchées non pas à l'extérieur mais à l'intérieur, dans les formidables gains de productivité permis par la révolution électronique et informatique en cours.

La revanche de l'Asie

Ces arguments sont cependant trop statiques pour être vraiment convaincants. L'équilibre des échanges, tout d'abord, est parfaitement compatible avec un effet globalement négatif sur l'emploi dans la mesure où les exportations des PED ont un contenu en emplois beaucoup plus élevé que celles des pays industrialisés.

Selon les estimations, ce seul effet de contenu factoriel pourrait avoir réduit la demande de travailleurs non qualifiés dans les pays développés de 3 à 9 millions (soit 1 % à 3 % de l'emploi total) entre 1970 et 1990 [Banque mondiale, 1995b]. Encore ne s'agit-il là que d'un effet direct, qui ne prend pas en compte l'effet indirect sur l'emploi en amont des fournisseurs des entreprises exposées à la concurrence directe des PED. Un autre effet indirect qui n'est que rarement mentionné est que le caractère limité de la pénétration des PED sur les marchés occidentaux est un résultat *ex post*, qui découle pour partie des techniques économes en emplois mises en œuvre par les entreprises occidentales pour faire face à la compétition des pays à bas salaires.

Plus généralement, la concurrence farouche à laquelle se livrent les pays occidentaux entre eux et face au Japon pour dominer les secteurs non encore investis par les PED s'effectue elle aussi au détriment de l'emploi. L'opposition des thèses externe — la concurrence du Sud — et interne — les bouleversements technologiques — est en fait largement artificielle. Le rétrécissement de l'éventail des productions réservées au Nord encourage une course aux gains de productivité et à l'automatisation des productions, qui est fortement destructrice d'emplois.

A cela s'ajoute que la vision d'un Sud cantonné dans les industries de main-d'œuvre est largement déconnectée de la réalité, comme en témoigne la montée de gamme technologique de l'Asie. S'il est vrai qu'à long terme le rattrapage de la productivité occidentale par les pays asiatiques devrait entraîner un rattrapage équivalent des salaires, à court terme le problème reste entier du fait de la forte disparité des niveaux sectoriels de productivité qui contraste avec l'uniformité des progressions salariales. Concrètement, certaines branches d'activité manufacturière comme la sidérurgie peuvent parfaitement combler leurs retards de productivité par rapport aux nations les plus avancées tandis que les salaires continuent d'évoluer au rythme de la productivité moyenne de l'économie, qui est nettement plus lent. L'expérience japonaise depuis la fin de la guerre illustre parfaitement ce point et se trouve reproduite de nos jours par les autres pays de la région.

L'une des conséquences macroéconomiques de ce type de situation est la sous-évaluation du taux de change réel, qui tend à se caler sur le niveau de la productivité moyenne de l'économie et non sur celui du seul secteur exportateur. A terme, cette situation est de nature à provoquer un excédent de la balance des échanges courants, qui devrait en principe entraîner à son tour une appréciation du taux de change réel, de sorte que l'impact des écarts de salaires s'en trouverait réduit. Cela suppose toutefois que le taux de change ne soit pas manipulé par une politique monétaire délibérément expansive et bloqué dans sa montée par un contrôle sévère des entrées de capitaux. Ces obstacles, fréquemment rencontrés dans les pays asiatiques, Japon en tête, expliquent la pression exercée par les États-Unis depuis les années quatre-vingt en faveur d'une ouverture du marché financier japonais et d'une appréciation de l'ensemble des monnaies de la région.

On peut aussi objecter aux mesures courantes que le clivage le plus significatif dans cette lutte pour la redistribution des activités industrielles n'oppose pas le Sud au Nord, mais bien l'Asie à l'Occident, les PED d'Extrême-Orient ne faisant, de ce point de vue, que suivre la voie tracée par le Japon quelques décennies avant eux. Il est regrettable que la plupart des études quantitatives consacrées à la question n'agrègent pas le Japon à la concurrence des PED asiatiques. Il est à craindre, enfin, du point de vue des pays occidentaux, que les effets les plus massifs de ces nouvelles concurrences sur l'emploi soient encore à venir, comme en témoigne la rapidité de la montée en puissance de la Chine, et derrière elle du Viêt-nam, et peut-être de l'Inde. Quatre siècles après le début de la décolonisation, l'Asie semble en passe de consommer sa revanche sur l'Occident.

Clause sociale, normes écologiques et propriété intellectuelle

Des différentes parades envisagées par les pays occidentaux face à la concurrence industrielle du Sud, plusieurs retiennent tout particulièrement l'attention du point de vue de l'organisation des relations économiques internationales. Repousser l'alternative entre le chômage ou la baisse des salaires des travailleurs les moins qualifiés suppose en effet d'agir soit sur les conditions internes d'emploi des travailleurs menacés, soit sur les conditions de la concurrence Nord-Sud. Deux types de réponses internes sont généralement avancées. La première, qui s'inscrit dans la durée, suppose d'élever le niveau général des qualifications et d'encourager la reconversion de la main-d'œuvre vers les activités à productivité élevée. Il s'agit, en d'autres termes, de jouer le jeu de la nouvelle division internationale du travail en maintenant un écart technologique constant entre le Nord et le Sud.

A supposer qu'elle soit viable à long terme, cette stratégie ne permet guère de résorber le coût social de l'ajustement à court terme. D'où un second type de réponse qui consiste, tout en encourageant les reconversions, à subventionner l'emploi peu qualifié dans la période de transition. Concrètement, il s'agirait de transférer une partie des gains de revenus des secteurs d'activité à haute productivité, et donc en mesure de tirer parti de la croissance rapide de la demande des pays asiatiques, vers les salariés des secteurs à faible productivité exposés à la concurrence de ces pays. Le resserrement de l'éventail des revenus, réalisé par des mesures redistributives, serait alors compatible avec le maintien d'un niveau important d'emploi non qualifié [GIPE-OFCE, 1994]. L'élaboration de nouveaux compromis sociaux fait ainsi figure d'alternative à la déréglementation du marché du travail préconisée par les partisans d'une flexibilité à l'américaine. Elle supposerait, pour être crédible, un engagement conjoint des pays européens en ce sens, qui ouvrirait la voie à l'établissement de conventions sociales européennes.

L'autre démarche consiste à agir sur les conditions de la concurrence entre pays de niveaux de développement différents. Ironie de l'histoire, ce sont les pays développés, et plus précisément les nations occidentales, qui sont aujourd'hui demandeurs de conditions préférentielles, et non symétriques, dans leurs échanges avec les PED. L'argument le plus tranchant exposé en ce sens est que la concurrence des pays à bas salaires, au lieu de susciter une égalisation par le haut des conditions de rémunération au Nord et au Sud, provoque en fait un nivellement par le bas. A la suite du Japon, les NPI d'Asie et les pays qui leur ont emboîté le pas sont accusés de pratiquer un « dumping social » en maintenant à des niveaux artificiellement bas leurs coûts salariaux et leurs niveaux de protection sociale. De même, l'absence de normes de protection de l'environnement, ou encore de la propriété intellectuelle, donne un avantage injustifé aux producteurs du Sud ou aux firmes décidant d'investir dans ces pays.

D'une façon générale, l'absence d'harmonisation internationale des normes concernant les conditions de production et les biens produits risque d'entraîner selon les cas une course dangereuse à la déréglementation (cas des normes écologiques et sociales) ou à la sur-réglementation comme technique de protection déguisée (cas des normes assurant la protection des consommateurs). De façon significative, deux des pays industrialisés les plus touchés par le problème de l'exclusion sociale — les États-Unis et la France —

ont placé ces questions à l'ordre du jour des travaux de l'OMC. De même, l'administration Clinton a fait rajouter en 1993 deux accords dits « parallèles » au texte initial de l'accord instituant l'ALENA, qui portent sur les conditions de travail et l'environnement. Un dispositif juridique permettra d'enregistrer les plaintes pour infraction à la législation en matière d'hygiène, de sécurité du travail, de travail des mineurs, etc.

Vivement critiquées par les pays du Sud, qui voient en elles, souvent à juste titre, l'expression d'un néo-protectionnisme qui n'ose pas dire son nom, les propositions de clause sociale ou écologique peuvent être, selon leurs formulations et modalités d'application, soit un moyen sournois de freiner l'indutrialisation du Sud, soit au contraire un moyen de promouvoir la diffusion des avantages sociaux conquis par les salariés du Nord et des progrès réalisés dans la protection de l'environnement. Le degré de sélectivité dans l'imposition de ces clauses en fonction du développement des pays concernés pourrait fournir la mesure des intentions véritables des PI.

D'ores et déjà, une mesure unilatérale et non discriminatoire pour les pays du Sud consisterait à exiger des FM qu'elles respectent dans leurs activités à l'étranger les normes de sécurité, d'environnement et d'emploi en vigueur dans leur pays d'origine. Certains ne manqueront pas d'objecter que ce type de mesures risque de priver les PED de certains investissements étrangers. La question de fond est de savoir si toute production est justifiable du moment qu'elle permet d'accroître le revenu national. Comme souvent en économie, le débat porte en dernière analyse sur des valeurs, non sur les moyens alternatifs utilisables en vue d'atteindre des fins communes.

2. Déréglementation et déstabilisation des systèmes financiers

La crise des systèmes bancaires

La vague de déréglementation financière amorcée par les États-Unis au début des années quatre-vingt, et qui a gagné depuis la plupart des grands pays industrialisés, est à l'origine d'une mutation en profondeur des circuits de financement et de l'environnement financier nationaux et internationaux. Conjugués, le décloisonnement des marchés monétaires et financiers, la levée des contrôles des changes et le développement des innovations financières ont favorisé une montée de la finance directe qui remet en cause la fonction traditionnelle d'intermédiation des banques. Celles-ci sont désormais exposées à une double concurrence portant sur les deux versants de leur activité : l'octroi de crédits à l'économie et la collecte de dépôts. D'un côté de leurs bilans, elles doivent faire face à l'apparition de nouvelles sources de financement moins coûteuses pour les entreprises (billets de trésorerie, obligations sur les marchés nationaux, effets à moyen terme sur les marchés internationaux). La concurrence qui s'ensuit est d'autant plus sévère que la demande de crédit de leurs clients traditionnels (les entreprises) est réduite par le redressement de leurs taux d'autofinancement. De l'autre côté, le coût de leurs ressources est accru par l'apparition d'instruments de placement plus rentables (SICAV, fonds de placement) qui détournent l'épargne des ménages des dépôts bancaires [Aglietta, 1995]. Des deux côtés, elles sont exposées à une concurrence internationale exacerbée par la mondialisation des circuits financiers et la montée en puissance des banques japonaises.

Prises en tenaille, les banques ont vu leurs marges se dégrader en même temps que leurs clientèles fondre. Elles ont réagi à cette menace en prenant davantage de risques dans l'octroi de crédit, jouant en particulier un rôle actif dans le financement du boom immobilier de la fin des années quatre-vingt, et en développant leurs activités hors bilan, autrement dit en intervenant pour leur propre compte sur les marchés d'actifs financiers. Cette évolution traduisait un changement de culture des banques, qui délaissaient les règles de prudence attachées à leur métier traditionnel pour s'engager dans des activités autrement plus risquées. Le durcissement des politiques monétaires à partir de la fin des années quatre-vingt, le retournement conjoncturel qui s'est ensuivi et la chute des prix des actifs qui l'a accompagné sur plusieurs marchés spéculatifs (immobilier dans l'ensemble des pays industrialisés, *junk-bonds* aux États-Unis, papier commercial en Suède, Bourse au Japon, etc.) ont mis en évidence l'ampleur de la dégradation des bilans bancaires.

Celle-ci, à son tour, freinait la reprise de l'activité dans la zone OCDE, la reprise du crédit ne pouvant intervenir, en dépit de la baisse des taux d'intérêt, tant que les bilans des banques n'étaient pas purgés de la masse des créances douteuses accumulées lors des années d'euphorie financière. Aux États-Unis, l'assainissement des bilans bancaires n'a été réalisé qu'à l'issue d'une phase de détente exceptionnelle des conditions monétaires, qui a ramené à partir de

1989 les taux d'intérêt réels à court terme à leurs plus bas niveaux en trente ans et les a maintenus près de zéro en 1992 et 1993. Par cette politique, la Fed donnait la possibilité aux banques de se refinancer à bas prix tout en plaçant leurs liquidités à des taux plus élevés sur le marché obligataire, reconstituant ainsi leurs profits, ce qui leur permettait de relever le niveau de leurs provisions pour créances douteuses. En Europe, en revanche, ce processus était bloqué dans la plupart des pays par les contraintes de change imposées par le SME (voir plus loin) tandis qu'au Japon le double krach de l'immobilier et de la Bourse empêchait le redressement des banques jusqu'au milieu de la décennie.

L'importance des risques de système

Après la crise de la dette des PED et le krach boursier d'octobre 1987, la déstabilisation des systèmes bancaires qui a touché la plupart des pays industrialisés au début des années quatre-vingt-dix a relancé le débat sur les risques de système auxquels sont exposés les systèmes financiers et les moyens de les prévenir. Traditionnellement, le risque de système se définit comme le risque qu'un accident isolé concernant un intervenant (faillite) ou un marché (krach) particulier se propage à l'ensemble du système du fait de l'imbrication profonde des activités, des comportements des intervenants et de l'intégration poussée des marchés.

En ce qui concerne les banques, trois types de risques sont généralement distingués. Le premier, connu sous le nom de « Herstatt risk », du nom de la banque allemande qui fit faillite de façon retentissante en 1974, concerne la sécurité des règlements dans les paiements interbancaires internationaux. Démultiplié par la croissance explosive des opérations financières en devises, ce risque découle de l'absence de tout mécanisme permettant d'assurer le règlement simultané des deux parties d'une opération en devises. Bien que la plupart des opérations importantes soient effectuées par le biais de systèmes électroniques, généralement gérés par les banques centrales, les compensations entre elles ne s'opèrent qu'après un certain délai, laissant en position ouverte l'une des parties de la transaction, qui s'expose au non-respect de ses engagements par la seconde. Dans le cas des transactions internationales, le délai peut être d'autant plus important que les systèmes de compensation des banques centrales ne fonctionnent pas aux mêmes heures. Dans le cas de la banque Herstatt, le non-dénouement d'une opération consécutif au défaut de paiement de cette banque provoqua une défiance généralisée à l'égard du système de paiements qui assécha les marchés, mettant en danger de nombreux intervenants.

La panique bancaire, qui se caractérise par la demande massive et contagieuse de conversion des dépôts en espèces par le public, constitue le deuxième type de risque de système. Généralement provoquée par les difficultés d'une banque, la crise peut se diffuser rapidement à l'ensemble du système si la liquidité des dépôts n'est pas garantie par les pouvoirs publics. Aux États-Unis, la crise bancaire de 1933 fut à l'origine de l'institution d'un système d'assurance publique des dépôts, qu'une petite partie des actifs des banques suffisait à alimenter. Par la suite, ce système fut adopté par de nombreux pays. La crise des caisses d'épargne américaine (Savings and Loan Associations) dans les années quatre-vingt, qui résulte elle aussi pour une large part des excès occasionnés par la déréglementation (suppression de la réglementation Q et concurrence effrénée pour capter les dépôts, libéralisation des conditions d'octroi des crédits, etc.), témoigne cependant des limites de ce type de mécanisme. L'incapacité du dispositif d'assurance à faire face à l'ampleur du mal obligea le gouvernement fédéral à intervenir pour des montants considérables (près de 300 milliards de dollars), en refinançant notamment la société d'assurance des dépôts.

L'existence de dispositifs d'assurance n'est par ailleurs pas exempte d'effets pervers, dans la mesure où elle n'incite guère les banques et autres institutions financières à veiller à la qualité des crédits qu'elles accordent. Cet aléa moral (*moral hazard*) est aujourd'hui d'autant plus important que les banques interviennent de plus en plus sur les marchés financiers pour leur propre compte, pouvant réaliser de la sorte avec un personnel limité davantage de profits que ne leur en rapportent leurs lourds réseaux d'agences commerciales. Le maintien d'une sanction de marché pour les opérateurs trop aventureux demeure donc une condition indispensable à la bonne marche du système. Ainsi, la décision de la Banque d'Angleterre de ne pas intervenir lors de la faillite de la banque Barings en 1995 traduisait le désir de faire un exemple en laissant couler une banque de petite taille, dont la chute n'était pas susceptible d'occasionner une panique bancaire.

Le troisième type de risque n'est autre que celui de la défaillance des débiteurs. Illustré de façon dramatique par la crise de la dette des PED, ce risque est à l'origine d'une initiative majeure de re-réglementation concertée des activités bancaires de la part des PI. A la suite des recommandations du comité Cooke mis en place par la BRI, les banques centrales des principaux PI parvenaient en 1988 à un accord visant à imposer des normes de solvabilité uniques et contraignantes aux banques internationales. Le ratio Cooke, que les banques sont tenues de respecter depuis 1993, est défini par le rapport des fonds propres des banques aux crédits qu'elles distribuent. Ceux-ci sont pondérés selon une grille unique en fonction de la nature des risques assumés. A titre d'exemple, une créance sur une banque multilatérale de développement est affectée d'un coefficient de risque de 20 %, un crédit immobilier d'un coefficient de 50 %, une créance en devises sur un État non membre de l'OCDE d'un coefficient de 100 %. Le total des risques pondérés doit être supérieur à 8 % des fonds propres, provisions comprises. Ainsi sont limités, en principe, les effets d'une concurrence excessive sur les crédits, des distorsions éventuelles des conditions de la concurrence résultant de réglementations différentes, mais aussi les risques « d'une surenchère du moins-disant réglementaire qui aurait pu mener à démanteler toutes les contraintes » [Aglietta, 1995].

Parallèlement était renforcée, sous l'égide de la BRI, la surveillance des établissements financiers et notamment l'évaluation de leurs activités hors bilan. C'est en effet dans ce dernier domaine que les risques encourus sont désormais les plus importants, comme en témoignent en France les difficultés du Crédit Lyonnais. Jusqu'ici, l'effort de prévention s'est concentré sur la fonction traditionnelle des banques : l'octroi de crédits. La participation croissante de celles-ci aux marchés des produits dérivés et l'opacité des risques encourus sur ces marchés affaiblissent toutefois la portée du ratio Cooke désormais en vigueur. Ces considérations ont amené la BRI à proposer l'extension des règles de capitalisation du risque de crédit (défaillance d'un emprunteur) au risque de marché (variations des prix des actifs financiers).

Une autre proposition, connue sous le nom de *narrow banking*, envisage de dresser une stricte barrière entre l'activité de crédit et de collecte des dépôts des banques et leurs activités à risque. Les banques assumeraient seules les conséquences des risques encourus sur leurs activités non bancaires, auxquelles elles ne pourraient faire face en utilisant leurs ressources traditionnelles. L'emploi des dépôts assurés dont elles disposent serait réglementairement limité à l'acquisition de titres particulièrement sûrs, comme des obligations d'État. Protégée des conséquences éventuelles des activités à risque des banques, la clientèle serait tenue d'accepter en contrepartie une rémunération moindre de ses dépôts.

Quelle que soit leur pertinence, ces propositions témoignent d'une conscience désormais aiguë des excès auxquels a conduit, dans un contexte de globalisation financière accélérée, la déréglementation compétitive des années quatre-vingt. Pour bénéfique qu'il soit, le travail de prévention des risques entrepris sous la conduite de la BRI ne constitue encore qu'une avancée très partielle. La succession des crises financières depuis le début des années quatre-vingt-dix, et leurs effets profondément déstabilisants pour les économies réelles, confirme qu'au-delà de la re-réglementation, c'est bien la question de la régulation financière qui est posée au niveau international.

3. La récurrence des crises monétaires en Europe

L'une des meilleures illustrations des effets déstabilisants de la globalisation financière sur les économies nationales est fournie par la crise du SME de 1992-1993. La libéralisation complète des mouvements de capitaux, prévue par une directive communautaire de 1988, a été réalisée dans la plupart des pays dès 1990. Cette mobilité accrue de l'épargne devait en principe faciliter le financement des projets d'investissements les plus rentables, indépendamment de leur localisation. Il devait s'ensuivre une meilleure allocation des ressources dans l'espace communautaire, qui était synonyme au niveau microéconomique de desserrement des contraintes financières pesant sur les agents privés et au niveau macroéconomique de relèvement du potentiel de croissance globale de l'économie européenne.

Intégration financière et pluralisme monétaire

Réelles dans un espace monétaire unifié, ces perspectives sont fortement sujettes à caution lorsque la concurrence entre les monnaies continue de prévaloir. Une intégration financière totale ne peut alors qu'exacerber les contraintes pesant sur les politiques monétaires. En régime de changes fixes mais ajustables, celles-ci ne doivent les marges étroites de manœuvre dont elles disposent qu'aux dispositions réglementaires faisant encore obstacle aux mouvements de capitaux, d'une part, aux possibilités d'ajuster les taux de change en cas de crise majeure des balances des paiements, d'autre part. Le système de Bretton Woods, qui s'accommodait d'un faible degré d'intégration financière, constitue sans doute le cas le plus pur d'une autonomie monétaire préservée en régime de changes fixes. Dans le cas du SME, qui n'en est, à bien des égards, qu'une réplique miniaturisée, la multiplicité des modifications de parité jusqu'au milieu des années quatre-vingt témoignait des pressions déjà fortes exercées sur les politiques monétaires par la mobilité croissante des capitaux. Inversement, la fixité presque absolue des taux de change dans la seconde partie de la décennie doit être interprétée comme la marque d'un alignement délibéré des politiques monétaires des pays à monnaie faible sur la politique de la Bundesbank.

Couplé à la stigmatisation des ajustements de parité, le parachèvement de l'intégration financière au début des années quatre-vingt-dix rendait impérative l'accélération de la convergence nominale des économies. Cette contrainte n'échappait guère aux gouvernements qui décidaient de jouer jusqu'au bout le jeu de la crédibilité monétaire en l'inscrivant officiellement dans les conditions du passage à la monnaie unique. Des cinq critères retenus par le traité de Maastricht, deux se rapportent à la convergence des taux d'inflation et des taux d'intérêt à long terme, deux à l'assainissement des finances publiques et un à la stabilité des taux de change. La situation de l'emploi tout comme les niveaux de développement relatifs des économies sont ignorés.

Une telle approche plaçait les politiques économiques nationales devant des dilemmes difficilement soutenables. En cas de ralentissement de la croissance, un pays à taux de chômage déjà élevé comme la France peut difficilement contenir l'augmentation automatique de son déficit budgétaire par des mesures restrictives. Dans un pays à monnaie faible et dette publique imposante comme l'Italie, le maintien de taux d'intérêt élevés requis par la défense de la parité porte les charges de la dette publique à des niveaux insupportables et fait donc obstacle à la résorption du déficit public. Dans un pays moins développé que ses partenaires comme l'Espagne, la résorption de l'inflation requise par la convergence nominale a toutes les chances d'être payée d'un ralentissement de la croissance synonyme d'arrêt du processus de rattrapage économique et de gonflement d'un sous-emploi déjà massif (voir tableau XII).

TABLEAU XII. — CONVERGENCE NOMINALE ET DISPARITÉS RÉELLES DE CINQ GRANDS PAYS EUROPÉENS

	Allemagne	*France*	*Italie*	*RU*	*Espagne*
Critères de Maastricht					
– Taux d'inflation, 1994, en %	2,2*	1,5	3,6	2,0	4,1
– Taux d'intérêt à long terme, 1994, en %	6,9	7,5	10,6	8,2	9,8
– Déficit budgétaire, 1994, en % du PIB	2,7	5,7	9,7	6,8	6,8
– Dette publique, 1994, en % du PIB	51	50	122	53	64
– Participation au SME, 1995	Oui	Oui	Non	Non	Oui
Disparités réelles					
– PIB par habitant (PPA), 1994, UE = 100	106	111	105	102	77
– Taux de croissance du PIB, 1987-1993, en %	2,9*	2,1	1,9	1,7	3,0
– Taux de chômage, 1994, en %	9,6*	12,5	11,3	9,6	23,8
– Coût salarial horaire total, 1994, en dollars	27*	17	16	14	11

* RFA seulement.

Source : OCDE, *Perpectives économiques*, CEPII [1995] pour les PIB par habitant ; et *The Economist*, 21 octobre 1995 (d'après US Labour Department) pour les coûts salariaux.

Dans tous les cas, le manque de crédibilité de la politique économique, qui découle directement de l'insuffisance des degrés de liberté dont elle dispose par rapport aux objectifs fixés, est de nature à susciter une crise de défiance à l'égard de la monnaie nationale en cas de dégradation des conditions de la croissance. Celle-ci n'allait pas manquer de se produire. Dès 1990, le pessimisme diffusé par la crise du Golfe, l'entrée en récession de l'économie américaine et les tensions accumulées sur les capacités de production en Europe fragilisaient une croissance qui n'était plus tirée que par l'impact initialement expansif de la réunification allemande.

Le choc de la réunification allemande

Celle-ci s'est traduite, dans un premier temps, par un accroissement massif des dépenses du gouvernement fédéral et une accélération de la consommation et des salaires. Contrairement aux recommandations de la Bundesbank, l'union économique et monétaire entre les deux parties du pays — effective au 1er juillet 1990 — s'est en effet réalisée pour les consommateurs au taux symbolique d'un mark-ouest pour un mark-est, taux nettement surévalué au regard des écarts de productivité entre les deux économies. Un pouvoir d'achat artificiel était ainsi généreusement distribué à la population est-allemande, à quelques mois des élections générales. Pour les *Länders* de l'Est cependant, le choc de la concurrence occidentale n'en était que plus brutal. En l'espace de dix-huit mois, l'indice de la production industrielle chutait des deux tiers tandis que le chômage touchait un tiers de la population active.

Ce choc allait toutefois être largement pris en charge par le budget fédéral. Conjuguées, l'indemnisation du chômage et les dépenses de « reconstruction » de l'économie est-allemande occasionnèrent un transfert de ressources publiques de l'ouest vers l'est du pays de l'ordre de 150 milliards de marks par an de 1991 à 1995, soit 6 % du PIB de l'ex-RFA et 40 % de celui de l'ex-RDA ! A quoi s'ajoutait la prise en charge sociale des dépenses d'intégration des centaines de milliers d'immigrants de souche allemande qui continuaient d'affluer du reste de l'Europe de l'Est. Faisant preuve d'un laxisme inhabituel, le gouvernement allemand décida de financer ces dépenses par l'emprunt et non par l'impôt. Dès la chute du mur de Berlin, cette perspective était anticipée par les marchés et les taux longs bondissaient en quelques mois de 2 points, en Allemagne, mais aussi, du fait de l'intégration des marchés, dans les autres pays européens.

L'impact négatif de cette montée des taux longs sur l'activité ne faisait cependant qu'amortir l'effet expansif du creusement du déficit budgétaire. En 1990, la croissance de l'économie ouest-allemande s'accélérait au taux record de 5,7 %, soit plus du triple du taux moyen de 1,8 % enregistré de 1980 à 1989. Pour le reste de l'Europe, l'Allemagne se transformait enfin en locomotive de la croissance, avec des importations progressant à un rythme proche de 10 % par an en volume.

Cette configuration inédite allait toutefois rapidement s'inverser du fait du resserrement monétaire mis en œuvre par la Bundesbank, en réaction à l'accélération de l'inflation et des salaires. Tandis que l'activité et les importations allemandes plafonnaient à partir du second semestre de 1991 et que les effets du retournement de la conjoncture internationale se faisaient sentir sur l'ensemble de l'Europe, la Bundesbank poursuivait sa politique de relèvement des taux courts jusqu'au mois d'août 1992. Intervenant à l'issue d'une longue phase de baisse des taux aux États-Unis, cette politique poussait le mark à la hausse contre toute monnaie. Pour les pays participants au SME, cela signifiait l'impossibilité d'amorcer la détente monétaire que la dégradation de l'activité appelait, sauf à renoncer à défendre la parité de leurs monnaies face au mark.

La probabilité de cette dernière éventualité s'accrut brusquement à l'été 1992 après le « non » opposé par les électeurs danois à la ratification du traité de Maastricht. En quelques semaines, les divisions de l'opinion et des classes politiques européennes sur la ratification semaient le doute sur l'avenir de la monnaie unique. Dans un contexte de chômage croissant et de déficit budgétaire accru par le ralentissement de l'activité, la capacité des gouvernements à poursuivre la politique de convergence nominale imposée par les critères de Maastricht semblait fortement compromise.

Logiquement, la spéculation se déchaîna tout d'abord sur les monnaies périphériques du système, le mark finlandais et la couronne suédoise, qui n'étaient attachées que par des liens informels au mark allemand. En Suède, la banque centrale relevait son taux directeur jusqu'à 500 % avant de renoncer à défendre sa monnaie. En septembre, la lire italienne et la livre sterling étaient attaquées à leur tour et sortaient du SME, perdant en quelques jours de 10 % à 20 % de leur valeur face au mark. Le franc français ne devait sa résistance qu'au soutien sans faille apporté par la Bundesbank à la Banque de France. Entre septembre et juillet 1993, la peseta espagnole, l'escudo portugais étaient dévalués à plusieurs reprises, tandis que le franc français, la couronne danoise et la livre irlandaise (dévaluée en février) subissaient de nouvelles attaques.

Enfin, à l'été 1993, la défiance persistante des marchés à l'égard des parités établies conduisait les pays participant encore au mécanisme de change à élargir les marges de fluctuation de ± 2,25 % à ± 15 %. Officiellement, le principe de stabilité des changes était abandonné. Officieusement, les gouvernements s'entendaient pour respecter de fait les anciennes marges tout en se réservant d'utiliser les marges élargies en cas de nouvelles attaques spéculatives.

Du sable dans les rouages ?

Les crises à répétition qui caractérisent la scène monétaire européenne depuis 1992 ont mis en évidence le défaut de coordination des politiques économiques au sein même de l'Union européenne. Le scénario optimal d'un relèvement des impôts en Allemagne et d'une réévaluation concertée du mark, qui aurait réduit les tensions inflationnistes en Allemagne et rendu possible une détente immédiate des taux d'intérêt dans les autres pays, s'est heurté aux engagements électoraux du chancellier Kohl et au refus de ses partenaires d'un réaménagement général des parités qui leur semblait contraire à la crédibilité de leur politique financière.

La sanction brutale imposée par les marchés a toutefois souligné l'étroitesse des marges de manœuvre dont disposent les gouvernements. La tutelle des marchés ne s'exerce pas seulement, en effet, sur les politiques monétaires en régime de changes fixes. Elle soumet également, dans un contexte de mobilité parfaite des capitaux, les politiques budgétaires à une stricte surveillance. En cas de relance budgétaire ou d'accroissement incontrôlé du déficit en période de récession, l'augmentation des taux d'intérêt à long terme sera d'autant plus marquée que la dette publique est élevée, autrement dit que l'évolution en cours n'est pas jugée soutenable par les marchés. Plutôt que souscrire des titres de la dette publique, les opérateurs financiers parieront plus volontiers sur un abandon de l'objectif de change, donc sur une dévaluation qui annulerait le gain attendu sur les taux d'intérêt.

L'union monétaire est assurément, pour la majeure partie des pays participant à la construction européenne, le moyen le plus radical de supprimer la contrainte posée par la concurrence monétaire dans un espace financièrement intégré.

Cette perspective est toutefois mise en question par les conditions dans lesquelles s'opère la transition vers la monnaie unique. Après les crises monétaires de 1992-1993, la crise sociale survenue en France fin 1995 a souligné l'excessive rigidité des critères de convergence nominale, au regard de l'évolution réelle (croissance, emploi) des économies européennes. En aménageant une transition par étape vers la monnaie unique, le projet d'union monétaire donnait en principe le temps aux gouvernements de mener à bien l'assainissement des finances publiques ou la désinflation requis par une gestion commune de la monnaie. Mais en les contraignant à mener cet ajustement après avoir démantelé tous les obstacles aux mouvements de capitaux, le même projet soumettait les politiques économiques à une contrainte monétaire exacerbée, qui rendait moins crédible le respect des engagements pris.

Cette contradiction, dans laquelle se débat encore l'Europe au milieu des années quatre-vingt-dix, ne peut être résolue par un simple assouplissement des critères de convergence. Elle relance en revanche le débat sur l'opportunité de réintroduire certains contrôles sur les mouvements de capitaux, de façon à pénaliser les opérations purement spéculatives. Deux types de mesures ont été proposés en ce sens [Eichengreen, Tobin et Wyplosz, 1995]. La première, connue sous le nom de « Tobin tax », a été suggérée par James Tobin dès 1978. Elle consiste à imposer une taxe modeste, par exemple de 0,5 %, sur toutes les transactions de change. De par son niveau, une telle taxe ne serait guère pénalisante pour les investissements de long terme, dont la rentabilité ne serait pratiquement pas affectée. Elle pourrait en revanche se révéler fortement dissuasive pour des opérations de très court terme à finalité purement spéculative. A quoi s'ajoute que son produit considérable permettrait de desserrer sensiblement les contraintes financières pesant sur les gouvernements.

Une solution alternative, proposée par Barry Eichengreen et Charles Wyplosz, consisterait à imposer aux banques la constitution de réserves obligatoires non rémunérées en proportion de leurs prêts en monnaie nationale à des non-résidents. La prise de position spéculative typique — qui consiste à emprunter la monnaie attaquée pour la vendre avant la dévaluation et la rembourser plus tard dans une monnaie dévaluée — deviendrait ainsi nettement plus onéreuse, donc risquée. La défense de la monnaie pourrait ainsi faire l'économie d'une hausse des taux d'intérêt frappant indistinctement l'ensemble des résidents. Dans les deux cas, l'idée est de mettre quelques grains de sable dans les rouages de la finance internationale de façon à restituer des marges de manœuvre aux politiques économiques. Comme toujours, l'efficacité de ce type de mesure est toutefois subordonnée au caractère universel de leur mise en œuvre, ce qui repose la question des moyens d'une coopération internationale renforcée, ou de nouvelles avancées vers une régulation supranationale de l'économie mondiale.

Conclusion / Concurrence et organisation

Deux principes gouvernent le fonctionnement des économies modernes de marché : la concurrence et l'organisation. Du premier, elles puisent leur dynamisme, leur force d'expansion, leur capacité à innover et à s'adapter à des situations nouvelles. Sur le second reposent leur stabilité, la permanence des liens sociaux qui les fondent, leur capacité redistributive et leur aptitude à se défendre d'agressions extérieures.

A bien des égards, le développement historique du capitalisme peut être interprété comme une intrusion du principe de concurrence dans des ordres sociaux jusque-là organisés sur un mode hiérarchique, ne tolérant qu'à la marge et sous des formes très codifiées les « jeux de l'échange ». Fortement déstabilisatrice, cette intrusion suscite des réactions de défense des corps sociaux qui peuvent conduire dans certains cas (Russie en 1917, Iran en 1979...) au rejet de la greffe capitaliste, dans d'autres à un encadrement institutionnel du principe concurrentiel permettant d'en atténuer les effets négatifs sur le plan social. La crise des années trente en Occident offre l'expression la plus nette de la puissance destructrice du mécanisme concurrentiel lorsqu'il est entièrement livré à lui-même.

Après la guerre, un équilibre fut trouvé au sein de chaque économie occidentale entre les deux principes de concurrence et d'organisation. Plus ancré en Europe qu'aux États-Unis, le modèle keynésien de régulation des relations économiques et sociales (et non pas seulement de gestion des fluctuations conjoncturelles) jeta les bases d'une croissance exceptionnelle tant par son ampleur que par sa régularité. De façon significative, le principe d'organisation imprima également sa marque sur les relations économiques internationales, grâce au *leadership* hégémonique des États-Unis. Soudées par la menace soviétique et le parapluie nucléaire américain, l'ensemble des nations capitalistes avancées acceptèrent les règles imposées par les États-Unis dans le domaine monétaire, financier et commercial. Jusqu'au milieu des années soixante, l'ordre économique international est demeuré fortement hiérarchisé, structuré par une complémentarité verticale tout autant que par le principe concurrentiel. La diffusion des normes de production et de consommation américaines, le statut de monnaie internationale du dollar, les investissements américains à l'étranger, la maîtrise des sources et circuits d'approvisionnement pétrolier par les « sept sœurs », la division traditionnelle du travail entre le Nord et le Sud étaient les traits dominants de cet ordre économique.

Considérée dans ses développements contemporains, la mondialisation peut être analysée comme le processus qui va de la remise en cause de cet ordre hégémonique international à celle des règles et compromis sociaux qui fondèrent, à l'intérieur de chacune des économies industrialisées, la prospérité d'après-guerre. En ce sens, elle est synonyme de triomphe du principe concurrentiel à l'échelle mondiale, au détriment du principe d'organisation. La décomposition de l'ordre international façonné par les États-Unis après la guerre traduit l'achèvement d'un cycle hégémonique. Elle est fondamentalement l'expression du rééquilibrage des rapports de force technologiques et financiers entre les trois pôles qui dominent actuellement l'économie mondiale : États-Unis, Europe occidentale et Japon. La particularité de cette fin de cycle n'est pas qu'elle ne débouche pas immédiatement sur l'amorçage d'un cycle nouveau, mais la persistance du *leadership* militaire et politique des États-Unis dans le contexte spécifique de la confrontation Est-Ouest. Il fait peu de doute que l'effacement de la menace soviétique contribuera à l'avenir à révéler les conflits jusque-là refoulés par une solidarité forcée.

La particularité de cette fin de cycle hégémonique réside aussi dans le dynamisme persistant d'un capitalisme américain de plus en plus dissocié de sa base territoriale, selon la description saisissante qu'en a donnée Robert Reich. Ce découplage, qui touche selon des intensités diverses les autres capitalismes nationaux, constitue l'essence même de la mondialisation. Resitué dans une perspective longue, il s'inscrit aussi bien dans le processus continu d'appropriation de l'espace mondial par des capitaux avides d'en exploiter les disparités que dans le travail de sape exercé de façon permanente par les mêmes capitaux à l'égard des règles mises en place par les États pour limiter la portée du principe concurrentiel. La formation du marché des eurodollars dans les années soixante et la délocalisation des productions industrielles vers les zones à bas salaires constituent sans doute les illustrations les plus nettes de cette logique de contournement, dont les premières manifestations étaient visibles dès le Moyen Age.

D'un état d'équililibre instable du système économique international, fondé sur les principes de hiérarchie, d'organisation et de complémentarité, on est ainsi passé à un état d'instabilité structurelle d'une économie mondiale caractérisée par l'absence de *leadership*, une concurrence généralisée, non seulement des firmes mais des nations, et un déficit manifeste de règles. En lieu et place des nouveaux modes de régulation qu'appelle l'intégration de plus en plus poussée de l'économie mondiale, se développe une déréglementation compétitive qui s'étend de façon dangereuse du domaine financier au champ social, après s'être transposée du plan international au plan national.

Placés en concurrence par la mobilité croissante des capitaux, soumis à la tutelle des marchés financiers, les États semblent impuissants, tout particulièrement en Occident, à empêcher le délitement des tissus sociaux. En l'absence de *leadership* mondial affirmé, la coopération internationale s'est limitée jusqu'à présent à parer au plus pressé, autrement dit à bloquer la propagation des crises financières ouvertes (crise de la dette des PED, krach boursier de 1987, crise mexicaine de 1994, etc.) ou latentes (résorption des déséquilibres financiers Nord-Nord) et à prévenir la résurgence d'un protectionnisme généralisé (conclusion de l'*Uruguay Round*). L'effort de re-réglementation, timidement amorcé au niveau bancaire dans le cadre de la BRI, est encore loin d'apporter des réponses satisfaisantes aux risques de système qui menacent aussi bien les banques que les marchés financiers. Quant à la reconstruction d'un système monétaire international digne de ce nom, elle ne semble toujours pas à l'ordre du jour, en dépit des problèmes posés par l'instabilité des taux de change.

Apparemment hors de portée à l'échelle internationale, la réaffirmation du principe d'organisation peut néanmoins s'opérer à l'échelle régionale, dès lors que le principe hégémonique peut être réactivé dans ce cadre (cas de l'ALENA) ou que la logique traditionnelle de l'équilibre des puissances peut fonctionner entre pays qu'une communauté de destin unit (cas de l'Union européenne). La régionalisation des relations économiques internationales, déjà très poussée sous des formes organisées (UE), en voie d'organisation (ALENA) ou spontanée (Extrême-Orient) fait ainsi figure d'alternative crédible à une logique de mondialisation qui serait purement privée et concurrentielle.

Dans chacune de ces régions, l'espace économique s'organise autour d'un centre (les trois pôles de la Triade) et d'une semi-périphérie, espace propice à la diffusion du capitalisme : sud et est de l'Europe pour le noyau central de l'UE, Mexique et potentiellement ensemble de l'Amérique latine dans le cas de l'ALENA, Extrême-Orient pour le Japon et les NPIA de la première génération, dont le statut central ne sera bientôt plus discutable. Trois espaces fortement autocentrés donc, susceptibles de se déconnecter les uns des autres en cas de crise internationale majeure. Trois ensembles aux potentialités similaires aussi, à même par conséquent de négocier les compromis indispensables à une régulation tripartite de l'économie mondiale, une fois achevés les processus d'intégration régionaux.

Ces différentes perpectives laissent cependant dans l'ombre la question de l'avenir des zones périphériques de l'économie mondiale — Afrique subsaharienne, monde arabe, Asie centrale, Asie du Sud — restées jusqu'ici ou récemment en marge du développement et qui, pétrole excepté, ne semblent guère constituer un enjeu majeur pour le capitalisme mondial. Ignorées ou désertées par les capitaux privés, généralement soumises à des contraintes financières fortes, ces zones ne sont plus considérées par les pays développés que par les menaces qu'elles font peser sur lui, au premier rang desquelles figurent l'explosion démographique et la pression migratoire qui en découle. On touche ici au refoulé du processus de mondialisation qui n'est autre que la mobilité des personnes *a priori* exclues du pouvoir de manipuler des symboles dont parle Robert Reich et dépourvues en tout cas de ressources autres que leur force de travail. Toléré, voire organisé, lorsque les bases de l'accumulation étaient encore nationales, le travail immigré est aujourd'hui le domaine le moins exposé aux dangers de la déréglementation compétitive.

Repères bibliographiques

Les années entre crochets correspondent aux dates de première publication ou des éditions refondues. Les renvois aux numéros de pages se rapportent à la pagination des éditions françaises citées dans la bibliographie.

I / Intégration et exclusion

ADDA Jacques [1984], *Modèles de développement et insertion dans l'économie mondiale, une analyse comparative du Brésil et de la Corée du Sud*, thèse, Paris-I-Panthéon-Sorbonne.

ADDA Jacques [1986], « La baisse du prix du pétrole : quelles conséquences pour l'OPEP et quelles retombées pour le tiers monde », *Revue de l'OFCE*, n° 16, juillet.

ADDA Jacques [1986], « Les stratégies d'industrialisation des nouveaux pays industrialisés : vanité des représentations idéologiques, efficacité des politiques industrielles », *Échanges et Projets*, n° 48, décembre.

ADDA Jacques [1989], « Pétrole : le retour aux sources », *Revue de l'OFCE*, n° 28, juillet.

ADDA Jacques et SMOUTS Marie-Claude [1989], *La France face au Sud, le miroir brisé*, Paris, Karthala.

ASSIDON Elsa [1992], *Les Théories économiques du développement*, La Découverte, coll. « Repères ».

BAIROCH Paul [1982], « International Industrialization Levels from 1750 to 1980 », *Journal of European Economic History*, 11.

BANQUE MONDIALE [1990], « La pauvreté », *Rapport sur le développement dans le monde*, New York, Oxford University Press.

BANQUE MONDIALE [1991], « Le défi du développement », *Rapport sur le développement dans le monde*, New York, Oxford University Press.

BANQUE MONDIALE [1993], *East Asian Miracles*, New York, Oxford University Press.

BANQUE MONDIALE [1994], *Global Economic Prospects*, New York, Oxford University Press, rapport annuel.

BANQUE MONDIALE [1995a], *World Debt Tables*, New York, Oxford University Press, rapport annuel.

BANQUE MONDIALE [1995b], « Workers in an Integrating World », *World Development Report*, New York, Oxford University Press.

BAYART Jean-François [1991], « Finishing with the Idea of the Third World : the Concept of the Political Trajectory », dans J. MANOR (éd.), *Rethinking Third World Politics*, Londres, Longman.

BAYART Jean-François (sous la dir. de) [1994], *La Réinvention du capitalisme*, Karthala.

BRAUDEL Fernand [1969], *Écrits sur*

l'histoire, Flammarion, coll. « Champs ».

BOUTEILLER Éric et FOUQUIN Michel [1995], *Le Développement économique de l'Asie orientale*, La Découverte, coll. « Repères ».

CAPORASO James A. [1978], « Dependence, Dependency and Power in the Global System : A Structural and Behavioral Analysis », *International Organizations*, n° 32.

CHATELUS Michel [1986], « Revenus pétroliers et développement : leçons de l'expérience du monde arabe », *Revue Tiers Monde*, juillet-septembre.

CHENERY Hollis B. et STROUT Alan M. [1966], « Foreign Assistance and Economic Development », *American Economic Review*, vol. 56, n° 4, septembre.

CHENERY Hollis B. [1981], *Changement des structures et politiques de développement*, Économica-Banque mondiale.

CHEVALLIER Agnès [1986], *Le Pétrole*, La Découverte, coll. « Repères ».

COMELIAU Christian [1991], *Les Relations Nord-Sud*, La Découverte, coll. « Repères ».

COUSSY Jean [1986], « Les représentations économiques de l'insertion du Sud dans les relations cardinales », *Revue française de science politique*, décembre.

DURUFLÉ Gilles [1989], *L'Ajustement structurel en Afrique*, Karthala.

FMI [1994], « The Recent Surge in Capital Flows to Developing Countries », *World Economic Outlook*, Washington, octobre.

FMI [1995], « Increasing Openess of Developing Countries : Opportunities and Risks », *World Economic Outlook*, Washington, octobre.

FURTADO Celso [1976], *Le Mythe du développement économique*, Anthropos.

GIRAUD Pierre-Noël [1989], *L'Économie mondiale des matières premières*, La Découverte, coll. « Repères ».

GRILLI Enzo R. et YANG Maw Cheng [1988], « Primary Commodity Prices, Manufactured Good Prices and the Terms of Trade of the Developing Countries : What the Long Run Shows », *The World Bank Economic Review*, vol. 2, n° 1, janvier.

KAHN Mohsin S. et REINHART Carmen M. (éds) [1995], « Capital Flows in the APEC Region », *IMF Occasional Papers*, n° 122, mars.

KRUGMAN Paul [1994], « The Myth of Asia's Miracle », *Foreign Affairs*, novembre-décembre.

JACQUEMOT Pierre et RAFFINOT Marc [1985], *Accumulation et développement : dix études sur les économies du tiers monde*, L'Harmattan.

LACOSTE Yves [1965], *Géographie du sous-développement*, Quadrige/PUF, 1985 (1re édition, 1965).

LACOSTE Yves [1984], *Unité et diversité du tiers monde : des réprésentations planétaires aux stratégies sur le terrain*, La Découverte/*Hérodote*.

LAMBERT Denis-Clair [1983], *Le Mimétisme technologique des tiers-mondes*, Économica.

LAUTIER Bruno [1994], *L'Économie informelle dans le tiers monde*, La Découverte, coll. « Repères ».

LIPIETZ Alain [1985], *Mirages et miracles, problèmes de l'industrialisation dans le tiers monde*, La Découverte.

MEILLASSOUX Claude [1979], *Femmes, greniers et capitaux*, Maspero.

NURKSE Ragnar [1953], *Les Problèmes de la formation du capital dans les pays sous-développés*, Cujas, 1968.

OCDE, *Coopération pour le développement*, Rapport annuel du Comité d'aide au développement de l'OCDE.

OCDE [1994], « Tendances du commerce international », *Perpectives économiques de l'OCDE*, décembre.

OMINAMI Carlos [1986], *Le Tiers Monde dans la crise*, La Découverte.

PAPANEK G.F. [1972], « The Effect of Aid and Other Resource Transfers on Savings and Growth in Less Developing Countries », *Economic Journal*, septembre.

PREBISH Raùl [1950], *The Economic Development of Latin America and Its Principal Problems*, New York, United Nations.

PREBISH Raùl [1988], « Dependance, Development and Interdependance », dans RANIS G. et SCHULTZ T.P. (éds),

The State of Development Economics, Oxford, Basic Blackwell.
Programme des Nations unies pour le développement (PNUD), *Rapport sur le développement humain*, New York, rapport annuel.
REINHART Carmen M. et WICKHAM Peter [1994], « Commodity Prices, Cyclical Weakness or Secular Decline », *IMF Staff Papers*, vol. 41, juin.
RODRIGUEZ Octavio [1980], *La Teoria del subdesarrollo de la CEPAL*, Mexico, Siglo Veintiuno Editores, 3e édition, 1983.
ROUILLÉ D'ORFEUIL Henri [1991], *Le Tiers Monde*, La Découverte, coll. « Repères ».
SID-AHMED Abdelkader [1989], *Économie de l'industrialisation à partir des ressources naturelles*, PubliSud, 2 tomes.
SINGER Hans [1950], « The Distribution of Gains Between Investing and Borrowing Countries », *American Economic Review*, vol. 40.
The Economist [1996], « A Survey of Business in Asia », 9 mars.
The Economist [1994], « War of the Worlds : A Survey of the Global Economy », 1er octobre.
TODD Emmanuel [1984], *L'Enfance du monde : structures familiales et développement*, Seuil.
UNICEF [1992], *Protéger les enfants au travail*, New York.

II / Confrontation et coopération

ADDA Jacques (présenté par) [1990], *L'Amérique latine face à la dette*, La Documentation française.
ADDA Jacques [1992], « Contrainte extérieure et logique endogène de crise : l'exemple de l'Amérique latine », *Politique étrangère*, n° 3.
AGLIETTA Michel [1995], *Macroéconomie financière*, La Découverte, coll. « Repères ».
AGLIETTA Michel (sous la dir. de) [1986], *L'ÉCU et la vieille dame : un levier pour l'Europe*, CEPII-Économica.
AGLIETTA Michel [1976], *Régulation et Crise du capitalisme : l'expérience des États-Unis*, Calmann-Lévy.
AGLIETTA Michel, BRENDER Anton et COUDERT Virginie [1990], *Globalisation financière : l'aventure obligée*, CEPII-Économica.
AGLIETTA Michel, CICUREL Michel, JACQUILLAT Bernard, MAAREK Gérard et PEYRELEVADE Jean [1988], « La crise financière : causes et conséquences », *Revue d'économie financière*, n° 3, janvier.
BANQUE MONDIALE [1995a], *World Debt Tables*, New York, Oxford University Press, rapport annuel.
BANQUE MONDIALE [1995b], « Workers in an Integrating World », *World Development Report*, New York, Oxford University Press.
BOURGUINAT Henri [1995], *La Tyrannie des marchés*, Économica.
BOYER Robert (sous la dir. de) [1986], *Capitalisme fin de siècle*, PUF.
BOYER Robert et MISTRAL Jacques [1978], *Accumulation, inflation, crises*, PUF (2e édition refondue et mise à jour, 1983).
CEPII [1984], *Économie mondiale : la fracture*, Économica.
CEPII [1994], « Cinquante ans après Bretton Woods », *Économie internationale*, n° 59, 3e trimestre.
CEPII [1995], *L'Économie mondiale en 1996*, La Découverte, coll. « Repères ».
CHASSERIAUX, J.M. [1982], « Une interprétation des fluctuations du prix du pétrole », *Revue d'économie industrielle*, n° 22, 4e trimestre.
CLINE William [1995], *International Debt Re-examined*, Institute of International Economics, Longman's Higher Education.
COURTY Guillaume et DEVIN Guillaume [1995], *L'Europe politique*, La Découverte, coll. « Repères ».
CRIQUI Patrick et KOUZNETZOFF Nina [1987], *Énergie 1995 : après les chocs*, CEPII-Économica.
DEHOVE Mario et MATHIS Jean [1986], *Le Système monétaire international*, IRES, Dunod.
EICHENGREEN Barry, TOBIN James et WYPLOSZ Charles [1995], « Two Cases for Sand in the Wheels of International Finance », *Economic Journal*, janvier.

FOUET Monique, RICHES Véronique et WIND Richard [1988], « Salaires et sous-emploi aux États-Unis et au Royaume-Uni », *Revue de l'OFCE*, n° 25, octobre.

GROUPE « ANTI-CRISE » [1990], *Les Leçons du passé*, Commissariat général du Plan, octobre.

GROUPE INTERNATIONAL DE POLITIQUE ÉCONOMIQUE DE L'OFCE [1992], *La Désinflation compétitive, le mark et les politiques budgétaires en Europe*, Seuil.

GROUPE INTERNATIONAL DE POLITIQUE ÉCONOMIQUE DE L'OFCE [1993], *Taux d'intérêt et chômage*, Presses de la FNSP, « Références/OFCE ».

GROUPE INTERNATIONAL DE POLITIQUE ÉCONOMIQUE DE L'OFCE [1994], *Pour l'emploi et la cohésion sociale*, Presses de la FNSP, « Références/OFCE ».

HEN Christian et LEONARD Jacques [1995], *L'Union européenne*, La Découverte, coll. « Repères ».

JEANNENEY Jean-Marcel (sous la dir. de) [1989], *L'Économie française depuis 1967 : la traversée des turbulences mondiales*, Seuil.

KENEN Peter B. [1994], *Managing the World Economy-Fifty Years After Bretton Woods*, Washington, Institute of International Economics.

KEOHANE Robert O. [1984], *After Hegemony : Cooperation and Discord in the World Political Economy*, Princeton, Princeton University Press.

LAIRSON Thomas D. et SKIDMORE David [1993], *International Political Economy : The Struggle for Power and Wealth*, Fort Worth, Harcourt Brace College Publishers.

LENAIN Patrick [1996], *Le FMI*, La Découverte, coll. « Repères ».

L'HÉRITEAU Marie-France et CHAVAGNEUX Christian [1990], *Le FMI et les pays du tiers monde*, PUF (2e édition).

MARRIS Stephen [1987], *Les Déficits et le dollar : l'économie mondiale en péril*, Économica.

NOREL Philippe [1990], *Les Banques face aux pays endettés*, Syros.

OFCE – Département des diagnostics [1986], « L'onde de contre-choc », *Revue de l'OFCE*, n° 15, avril.

OFCE – Département des diagnostics [1987], « La croissance confisquée », *Revue de l'OFCE*, n° 19, avril.

OFCE – Département des diagnostics [1988], « Le Krach : avertissement sans frais », *Revue de l'OFCE*, n° 23, avril.

OFCE – Département des diagnostics [1989], « La détente à mi-parcours », *Revue de l'OFCE*, n° 29, octobre.

PEBEREAU Michel [1990], *La Politique économique de la France : les relations économiques, financières et monétaires internationales*, Armand Colin.

PISANI-FERRY Jean [1988], *L'Épreuve américaine : les États-Unis et le libéralisme*, Syros, coll. « Alternatives économiques ».

RAINELLI Michel [1996], *L'Organisation mondiale du commerce*, La Découverte, coll. « Repères ».

The Economist [1995], « Who's in the Driving Seat ? : A Survey of the Word Economy », 7 octobre.

The Economist [1994a], « Recalled to Life : A Survey of International Banking », 30 avril.

The Economist [1994b], « War of the Worlds : A Survey of the Global Economy », 1er octobre.

The Economist [1993], « New Ways to Grow : A Survey of Third Word Finance », 25 septembre.

WOOD Adrian [1994], *North-South Trade, Employement and Inequality*, Oxford University Press.

L'index des tomes 1 et 2 figure dans le tome 1.

Table

SECONDE PARTIE :
CONFRONTATION ET COOPÉRATION

Table du tome 1

La collection « Repères »

est animée par Jean-Paul Piriou
avec Bernard Colasse, Françoise Dreyfus,
Hervé Hamon, Dominique Merllié
et Christophe Prochasson

L'affaire Dreyfus, n° 141, Vincent Duclert.
L'aménagement du territoire, n° 176, Nicole de Montricher.
L'analyse de la conjoncture, n° 90, Jean-Pierre Cling.
L'analyse financière de l'entreprise, n° 153, Bernard Colasse.
Les banques, n° 21, Claude J. Simon.
Les biotechnologies, n° 61, Chantal Ducos et Pierre-Benoît Joly.
La Bourse, n° 4, Michel Durand.
Le budget de l'État, n° 33, Maurice Baslé.
Le calcul des coûts dans les organisations, n° 181, Pierre Mévellec.
Le calcul économique, n° 89, Bernard Walliser.
Le capitalisme historique, n° 29, Immanuel Wallerstein.
Les catégories socioprofessionnelles, n° 62, Alain Desrosières et Laurent Thévenot.
Le chômage, n° 22, Jacques Freyssinet.
Le commerce extérieur de la France, n° 71, Françoise Milewski.
Le commerce international, n° 65, Michel Rainelli.
Le comportement électoral des Français, n° 41, Colette Ysmal.
La comptabilité en perspective, n° 119, Michel Capron.
La comptabilité nationale, n° 57, Jean-Paul Piriou.
La concurrence imparfaite, n° 146, Jean Gabszewicz.
La consommation des Français, n° 67, Nicolas Herpin et Daniel Verger.
Les Constitutions françaises, n° 184, Olivier Le Cour Grandmaison.
La crise dans les pays de l'Est, n° 24, Marcel Drach.
La décentralisation, n° 44, Xavier Greffe.
La démographie, n° 105, Jacques Vallin.
La dette des tiers mondes, n° 136, Marc Raffinot.
Le développement économique de l'Asie orientale, n° 172, Éric Bouteiller et Michel Fouquin.
Les DOM-TOM, n° 151, Gérard Belorgey et Geneviève Bertrand.
Le droit international humanitaire, n° 196, Patricia Buirette.
L'économie britannique depuis 1945, n° 111, Véronique Riches.
L'économie de l'Afrique, n° 117, Philippe Hugon.
Économie de l'automobile, n° 171, Jean-Jacques Chanaron et Yannick Lung.
L'économie de la culture, n° 192, Françoise Benhamou.
L'économie de la RFA, n° 77, Magali Demotes-Mainard.
L'économie de l'Italie, n° 175, Giovanni Balcet.
L'économie de l'URSS, n° 58, Gérard Duchêne.
L'économie des États-Unis, n° 80, Monique Fouet.
L'économie des organisations, n° 86, Claude Menard.
L'économie des relations interentreprises, n° 165, Bernard Baudry.
L'économie des services, n° 113, Jean Gadrey.
L'économie informelle dans le tiers monde, n° 155, Bruno Lautier.
Économie et écologie, n° 158, Frank-Dominique Vivien.
L'économie française 1995, n° 160, OFCE.
L'économie française 1996, n° 182, OFCE.
L'économie mondiale 1993, n° 112, CEPII.
L'économie mondiale 1994, n° 127, CEPII.
L'économie mondiale 1995, n° 149, CEPII.
L'économie mondiale 1996, n° 178, CEPII.
L'économie mondiale de l'énergie, n° 88, Jean-Marie Martin.
L'économie mondiale des matières premières, n° 76, Pierre-Noël Giraud.
L'économie néo-classique, n° 73, Bernard Guerrien.
L'économie sociale, n° 148, Claude Vienney.
L'emploi en France, n° 68, Dominique Gambier et Michel Vernières.
Les employés, n° 142, Alain Chenu.
L'ergonomie, n° 43, Maurice de Montmollin.
Les étudiants, n° 195, Olivier Galland et Marco Oberti.
L'Europe monétaire, n° 92, Jean-Pierre Patat.
L'Europe politique, n° 190, Guillaume Courty et Guillaume Devin.
L'Europe sociale, n° 147, Daniel Lenoir.
La faim dans le monde, n° 100, Sophie Bessis.
Le FMI, n° 133, Patrick Lenain.
La fonction publique, n° 189, Luc Rouban.
La formation professionnelle continue, n° 28, Claude Dubar.
Le GATT, n° 130, Michel Rainelli.
Histoire de l'administration, n° 177, Yves Thomas.

Histoire de l'Algérie coloniale, 1830-1954, n° 102, Benjamin Stora.
Histoire de la guerre d'Algérie, 1954-1962, n° 115, Benjamin Stora.
Histoire de l'Algérie depuis l'indépendance, n° 140, Benjamin Stora.
Histoire de la philosophie, n° 95, Christian Ruby.
Histoire de la sociologie 1 : Avant 1918, n° 109, Charles-Henri Cuin et François Gresle.
Histoire de la sociologie 2 : Depuis 1918, n° 110, Charles-Henri Cuin et François Gresle.
Histoire de l'URSS, n° 150, Sabine Dullin.
L'histoire des États-Unis depuis 1945, n° 104, Jacques Portes.
Histoire des théories de la communication, n° 174, Armand et Michèle Mattelart.
Histoires du radicalisme, n° 139, Gérard Baal.
L'histoire en France, n° 84, ouvrage collectif.
L'immigration, n° 8, Ezzedine Mestiri.
L'indice des prix, n° 9, Jean-Paul Piriou.
L'industrie française, n° 85, Michel Husson et Norbert Holcblat.
Inflation et désinflation, n° 48, Pierre Bezbakh.
Introduction à la comptabilité d'entreprise, n° 191, Michel Capron et Michèle Lacombe-Saboly.
Introduction à la microéconomie, n° 106, Gilles Rotillon.
Introduction à la philosophie politique, n° 197, Christian Ruby.
Introduction à l'économie de Marx, n° 114, Pierre Salama et Tran Hai Hac.
Introduction au droit, n° 156, Michèle Bonnechère.
L'Islam, n° 82, Anne-Marie Delcambre.
Les jeunes, n° 27, Olivier Galland.
La justice en France, n° 116, Dominique Vernier.
Macroéconomie financière, n° 166, Michel Aglietta.
Les médecins, n° 59, Michel Arliaud.
Les menaces globales sur l'environnement, n° 91, Sylvie Faucheux et Jean-François Noël.
La méthode en sociologie, n° 194, Jean-Claude Combessie.
Méthodologie de l'investissement dans l'entreprise, n° 123, Daniel Fixari.
La mobilité sociale, n° 99, Dominique Merllié et Jean Prévot.
Le modèle japonais de gestion, n° 121, Annick Bourguignon.
La modernisation des entreprises, n° 152, Danièle Linhart.
La monnaie et ses mécanismes, n° 70, Monique Béziade.
Les multinationales globales, n° 187, Wladimir Andreff.
La nouvelle économie chinoise, n° 144, Françoise Lemoine.
Nouvelle histoire économique de la France contemporaine :
1. L'économie préindustrielle (1750-1840), n° 125, Jean-Pierre Daviet.
2. L'industrialisation (1830-1914), n° 78, Patrick Verley.
4. L'économie ouverte (1948-1990), n° 79, André Gueslin.
La nouvelle microéconomie, n° 126, Pierre Cahuc.
Les nouvelles théories de la croissance, n° 161, Dominique Guellec et Pierre Ralle.
Les nouvelles théories du marché du travail, n° 107, Anne Perrot.
L'ONU, n° 145, Maurice Bertrand.
L'Organisation mondiale du commerce, n° 193, Michel Rainelli.
Les outils de la décision stratégique 1 : Avant 1980, n° 162, José Allouche et Géraldine Schmidt.
Les outils de la décision stratégique 2 : Depuis 1980, n° 163, José Allouche et Géraldine Schmidt.
Le patrimoine des Français, n° 81, André Babeau.
La philosophie de Marx, n° 124, Étienne Balibar.
Pierre Mendès France, n° 157, Jean-Louis Rizzo.
La politique financière de l'entreprise, n° 183, Christian Pierrat.
La population française, n° 75, Jacques Vallin.
La population mondiale, n° 45, Jacques Vallin.
La presse quotidienne, n° 188, Jean-Marie Charon.
La protection sociale, n° 72, Numa Murard.
La psychanalyse, n° 168, Catherine Desprats-Péquignot.
La publicité, n° 83, Armand Mattelart.
La responsabilité administrative, n° 185, Jean-Pierre Dubois.
Les revenus en France, n° 69, Yves Chassard et Pierre Concialdi.
Le revenu minimum garanti, n° 98, Chantal Euzéby.
La santé des Français, n° 180, Haut Comité à la santé publique.
La science économique en France, n° 74, ouvrage collectif.
Les sciences de l'éducation, n° 129, Éric Plaisance et Gérard Vergnaud.
La sociologie de Durkheim, n° 154, Philippe Steiner.
Sociologie de l'éducation, n° 169, Marlaine Cacouault et Françoise Œuvrard.
Sociologie de l'emploi, n° 132, Margaret Maruani et Emmanuèle Reynaud.
Sociologie des relations professionnelles, n° 186, Michel Lallement.
La sociologie de Marx, n° 173, Jean-Pierre Durand.
La sociologie du chômage, n° 179, Didier Demazière.
Sociologie du sport, n° 164, Jacques Defrance.

La sociologie en France, n° 64, ouvrage collectif.
Les sondages d'opinion, n° 38, Hélène Meynaud et Denis Duclos.
Les stratégies des ressources humaines, n° 137, Bernard Gazier.
Le syndicalisme en France depuis 1945, n° 143, René Mouriaux.
Le système éducatif, n° 131, Maria Vasconcellos.
Le système monétaire international, n° 97, Michel Lelart.
Tableau de bord de la planète, n° 135, Worldwatch Institute.
Les taux de change, n° 103, Dominique Plihon.
La télévision, n° 49, Alain Le Diberder, Nathalie Coste-Cerdan.
La théorie de la décision, n° 120, Robert Kast.
Les théories des crises économiques, n° 56, Bernard Rosier.
Les théories du salaire, n° 138, Bénédicte Reynaud.
Les théories économiques du développement, n° 108, Elsa Assidon.
Le tiers monde, n° 53, Henri Rouillé d'Orfeuil.
Travail et travailleurs aux États-Unis, n° 16, Marianne Debouzy.
Travail et travailleurs en Grande-Bretagne, n° 32, François Eyraud.
Les travailleurs sociaux, n° 23, Jacques Ion et Jean-Paul Tricart.
L'union européenne, n° 170, Jacques Léonard et Christian Hen.
L'urbanisme, n° 96, Jean-François Tribillon.

Collection « Guides Repères »

L'art du stage en entreprise, Michel Villette.

Voir, comprendre, analyser les images, Laurent Gervereau.

L'art de la thèse, *Comment préparer et rédiger une thèse de doctorat, un mémoire de DEA ou de maîtrise ou tout autre travail universitaire*, Michel Beaud.

Collection « Dictionnaires Repères »

Dictionnaire de gestion, Élie Cohen.

Dictionnaire d'analyse économique, *microéconomie, théorie des jeux, etc.*, Élie Cohen.

Composition Facompo, Lisieux (Calvados)
Achevé d'imprimer en août 1996
sur les presses de l'imprimerie Carlo Descamps,
Condé-sur-l'Escaut (Nord)
Dépôt légal : août 1996
ISBN 2-7071-2594-6